세상을 움직이는 에너지
석유 이야기

세상을 움직이는 에너지
석유 이야기
ⓒ 사회정보리서치반, 2008.

2009년 8월 24일 초판 1쇄 펴냄
2013년 3월 30일 초판 2쇄 펴냄

지은이 / 사회정보리서치반
옮긴이 / 손주희
펴낸이 / 조남철

편집 / 박혜원
디자인 / 보빙사
인쇄 / (주)일홍피앤피

펴낸곳 / (사)한국방송통신대학교출판부
　　　　등록 1982년 6월 7일 제1-491호
　　　　주소 서울특별시 종로구 이화장길 54 (110-500)
　　　　전화 1644-1232　　팩스 (02) 741-4570
　　　　홈페이지 http://press.knou.ac.kr

ISBN 978-89-20-92975-5 04080
값 5,900원

<지식의 날개>는 한국방송통신대학교출판부의 교양도서 브랜드입니다.

세상을 움직이는 에너지
석유 이야기

사회정보리서치반 지음

손주희 옮김

지식의날개

석유를 알면 세상이 보인다

석유 관련 뉴스가 신문에서 빠지는 날은 단 하루도 없다. 원유 가격이 1배럴당 130~140달러를 돌파한 2008년에도, 1년 만에 60~70달러대로 급락한 지금도 원유는 세계인의 지대한 관심을 받고 있다. 가격이 오르내릴 때마다 식료품을 비롯한 우리 주변의 상품들도 가격이 함께 오르내리며 우리 생활에 직격탄을 날리기 때문이다.

이러한 상황이 되자 석유가 이렇게도 생활과 깊은 관련이 있었나, 놀란 사람들도 많을 것이다. 그렇다. 석유 제품은 도처에 존재하며 우리의 생활 깊숙한 곳까지 침투해 있다. 그러나 이처럼 긴밀한 존재인 석유에 대해 우리들은 의외로 잘 알지 못한다.

도대체 연일 화제가 되고 있는 원유 가격은 누가 어떻게 정하고 있는 것일까? '1배럴' 이란 대체 어느 정도의 양인가? 원유 가격이 오르면 왜 식품값도 따라 오르는가? 원유 가격과 금값은 어떤 관계인가? 액체인 석유가 어떻게 고체인 플라스틱이 되는가? 석유를 채굴하려면 돈이 얼마나 드는 걸까? 화제의 '바이오에탄올' 은 정말로 대체 에너지가 될 수 있을까?

석유는 세상을 움직이는 중요한 에너지다. 석유를 알면 세상이 조금 더 보인다. 이 책은 여러분이 뉴스를 보며 틀림없이 한 번쯤

궁금해 했을 석유에 얽힌 여러 의문들에 쉽고 친절하게 답해주고 있다. 여러분이 세상을 보는 눈을 키우는 데 이 책이 부디 도움이 될 수 있기를 바란다.

사회정보리서치반

일러두기
- 본문의 모든 각주는 독자의 이해를 돕기 위해 옮긴이가 삽입한 내용입니다.
- 원문의 내용은 2008년 6월을 기준으로 작성되었습니다. 단, 원서 출간 이후 업데이트된 자료가 있을 경우 각주 등을 통해 보충했습니다.
- 환율은 1달러＝1250원, 100엔＝1300원을 기준으로 계산했습니다.

차 례

chapter 3

석유를 둘러싼 열띤 세계정세

chapter 4

유전 개발에서 석유 정제까지

chapter 5

알려지지 않은 석유 산업의 이면

chapter 6

신 에너지와 환경 문제의 핵심

chapter 1

석유와 경제, 그 뗄 수 없는 관계

석유와 경제, 그 뗄 수 없는 관계

원유 가격은 어떻게 정해지나

최근 원유 가격이 급등해 기업 및 가정에 큰 영향을 끼치고 있다. 그렇다면 원유 가격은 누가, 어떻게 정하는 것일까?

한때는 '세븐 시스터스'라 불리는 석유 메이저와 OPEC(석유수출국기구) 등이 카르텔을 형성해 원유 가격을 정했다. 그러나 현재의 원유 가격 결정권은 '시장'이 장악하고 있다.

세계 원유시장은 원산국의 석유회사와 도매업체, 금융기관 및 투자자들로 구성돼 있는데 이들이 가격 결정에 영향을 끼치며 그 가격은 실제의 수요와 공급이라는 현물거래에 의해서가 아니라, 장래의 투자 의향이 포함된 선물거래에 의해 결정된다.

세계 원유시장 중 특히 영향력이 큰 시장은 세 군데다.

가장 큰 시장은 미국의 웨스트 텍사스 인터미디에이트(West Texas Intermediate) 원유[1]를 거래하는 뉴욕 시장이며 이 시장에서 결정된 가격은 통칭 'WTI 가격'이라 불린다. 둘째는 도쿄를 중심

---

[1] 한국에서는 흔히 서부텍사스유라고 한다.

으로 하는 아시아 시장으로, 일본이 많이 수입하는 아랍에미리트 연합의 두바이 원유가 거래된다. 셋째는 영국 북해에서 채취되는 브렌트 원유를 거래하는 런던 시장 등의 유럽 시장이다.

이들 세 시장의 가격은 독자적으로 결정되는 것이 아니라 서로 연동되는데 특히 거래량이 많은 미국의 WTI 가격이 지표가 되는 경우가 많다. 그런 탓에 미국의 국내 사정에 영향을 많이 받는다. 예를 들어 미국의 서브프라임 모기지론이 문제가 된 후 미국의 부동산 시장을 떠난 투기 목적의 자금이 원유시장으로 쏠렸고 이는 곧 전 세계 원유 가격을 올리는 결과로 나타났다. 그래서 일본을 위시한 전 세계가 미국의 국내 문제를 강 건너 불 보듯 하지 못하는 것이다.

요즘도 '석유는 중동'이라고 생각하는 사람이 많다. 그러나 실제로 원유 가격을 좌우하는 것은 미국 시장이다. 말하자면 미국의 국내 사정에 따라 원유 가격이 오르내리는 것이다.

거래량이 많은 미국의 WTI 원유 가격은 국제적인 지표가 된다. 따라서 WTI 원유 가격이 상승하면 다른 시장의 원유 가격도 상승한다.

지금 왜 원유 가격이 오르는가

최근 몇 년, 석유 및 휘발유❷ 가격이 두드러지게 상승했다. 그 원인은 원유 가격이 올랐기 때문이다. 뉴욕 시장에서 2004년 초까지 1배럴에 30달러이던 것이 2008년 1월에는 드디어 100달러대를 돌파했다.

그런데 왜 전 세계적으로 원유 가격이 오를까?

그 이유는 몇 가지가 있다. 먼저 가격 상승을 기대하고 석유를 사들이는 '투기'가 증가하고 있기 때문이다. 특히 서브프라임 모기지론이 문제가 된 후 미국의 부동산에는 가망이 없다고 생각한 투자자들이 단숨에 가치가 상승할 듯한 원유시장으로 흘러든 것이 주효했다.

이에 더해 투자자들은 원유의 선물 매입에도 매달리는데 그 이유 중 하나는 원유 수요가 증가하고 있다는 것이다. 인구가 많고 경제 성장이 두드러지는 중국이나 인도의 석유 소비량이 급증해 수요와 공급 간 균형이 무너지고 있는 것이다. 특히 중국은 2003년에 일본을 제치고 미국에 이어 세계 제2의 석유 소비국가가 되는 등 석유 소비량이 급증해 2020년에는 1일 평균 1200만 배럴에 달하는 석유를 소비할 것이라는 분석이 나왔다. 그런데 급격히 늘어난 수요에 맞춰 원유를 공급할 수 있을지 여부가 불투명하다. 게다가 미국에서 벌어진 9·11 테러 이후 불안정해진 중동 정세도 석유의 안정적인 공급을 위협하는 요소가 되고 있다. 다시 말해 중동에서 전쟁이 발발한다면 원유 생산이 순조롭지 않게 되고 그런

---

❷ 영어식 표현으로는 가솔린이라고도 한다.

불안함을 안은 정세를 내다본 투자자들이 매수세로 돌아서는 바람에 가격이 상승하게 된 것이다.

따라서 현재의 가격 상승은 석유가 실제로 부족해서가 아니라 수요에 맞게 공급하지 못할지도 모른다는 불안감 때문인 것이다. 원유 가격에 대해서는, 석유의 증산 등 여러 상황에 따라 앞으로 약간 하락할 것이라는 예측도 있다.

'원유 가격은 오일머니 때문에 오른다'는 것은 무슨 의미인가

최근 몇 년간 세계적으로 원유 가격이 상승한 이유는 여러 가지가 있는데 그중 하나로 오일머니가 거론된다. 오일머니란 산유국이 원유 수출을 통해 얻은 이익을 말한다. 산유국들이 원유 수출로 얻은 오일머니를 대외투자 자금으로 삼아 세계 시장을 석권하고 있다는 것이다.

특히 2007년 미국에서 시작된 서브프라임 모기지론의 여파로, 불안정한 금융시장을 포기한 약 10조 엔(약 130조 원)의 오일머니가 한꺼번에 원유시장으로 흘러들어 원유 가격을 상승시켰다는 분석이 있다. 이에 따라 그때까지 1배럴에 60달러에 머물던 원유 가격이 2008년 초에 마침내 100달러대를 돌파했다는 것이다.

한편 원유 가격이 1배럴에 10달러 이상 상승하면 산유국의 수입은 연간 약 1000억 달러(약 125조 원)가 증가하는 것으로 알려져 있다. 일본무역진흥기구(JETRO)는 2004년에 산유국 전체가 원유 수출로 벌어들인 수입이 3000억 달러(약 375조 원)를 넘겼을 것이라 보았고 미즈호 종합연구소는 산유국이 투자로 돌린 오일머니의 수치를 8840억 달러(약 1105조 원)로 보았다. 이 오일머니를 원유시장에 투자하면 원유 가격이 상승하고, 그 결과 산유국의 이익은 더욱 커지며 그렇게 생긴 거액의 오일머니를 다시 원유시장에 투입해 더욱 방대한 이익을 얻는 것이다. 1970년대의 석유파동 때에도 오일머니가 시장을 석권했지만 근래처럼 선물거래 및 기업 투자에까지 손을 대지는 못했다.

와코대학의 이와마 고이치 교수는 "금융상품의 발달로 투자처가 다양해졌다."(「도오닛보東奧日報」 2007년 11월 10일 자)며 1970년대 석유파동 때와는 달리 원유 거래가 실물경제가 아니라 금융경제로 이행됐음을 지적했다. 즉 원유의 실제 수요와 관계없이, 말하자면 주식 매매와 같은 형태로 원유 가격이 움직인다는 것이다.

다만 원유 가격이 너무 오르면 석유를 포기하는 현상이 일어날 가능성이 있어 원유 가격의 상승은 산유국에는 양날의 검이기도 하다. 앞으로 오일머니가 어느 시장을 타깃으로 할지 모르지만 세계경제는 이미 그 존재를 무시할 수 없게 됐다.

● 오일머니와 원유 가격 상승의 관계

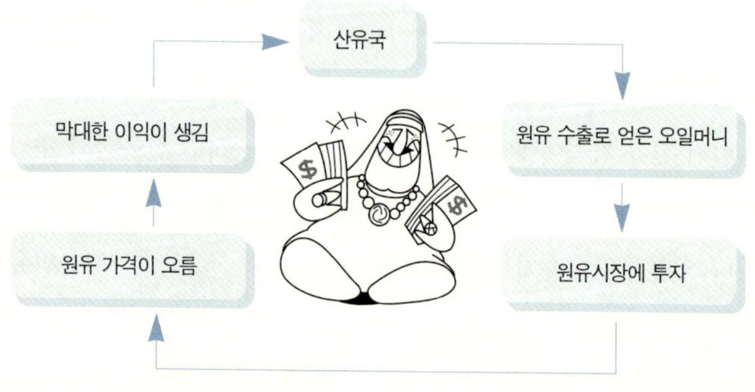

나날이 비싸지는 원유, 정말로 비싼 걸까

최근 몇 년, 원유 가격은 사상 최고치를 계속 갱신하고 있다. 그러나 실질적 가치는 1980년 당시와 그다지 차이가 없다는 의견도 있다. 왜냐하면 인플레이션으로 인해 물가도 올랐기 때문이다. 즉, 현재의 1달러와 10년 전의 1달러는 가치가 다른 것이다.

아쿠타 도모미치는 저작 『알려져 있지 않은 원유 가격 상승의 수수께끼』(기쥬쓰헤이론샤)에서 1980년과 2005년의 인플레이션율을 고려해 원유의 적정 가격을 계산했다.

이에 따르면 미국의 인플레이션율은 20년 동안 약 2.4배. 이는 1달러의 가치가 2.4분의 1이 됐다는 의미다. 이를 원유 가격에 적용하면 1980년의 실질가격은 1배럴에 97달러라는 계산이 나온다. 즉 1배럴에 70달러(2005년)로는 아직 과거 최고 수준에 미치지 못한다고 아쿠타는 지적한다. 원유 가격이 90달러 전후에 이른 2008년에야 겨우 1980년과 비슷해졌다는 것이다.

이를 다시금 일본 엔으로 바꾸어 보자. 20년 동안의 일본 인플레이션율은 약 1.3배. 즉 현재 엔의 가치는 20년 전의 1.3분의 1이다. 여기에 엔과 달러의 환율을 참조하면 엔의 구매력은 달러의 2배 이상이 된다. 이런 점들을 고려해 엔을 기준으로 원유 가격을 계산하면 2005년의 원유 가격은 1배럴에 7300엔이다. 한편 1980년에는 1배럴에 9900엔, 여기에 인플레이션율을 반영하면 1만3000엔에 달한다. 즉 2005년 원유의 실제 가격은 1980년 당시 가격의 절반에 불과하다. 이처럼 선진국의 입장에서는 오히려 싸다고 할 수 있다. 그러나 개발도상국 쪽에서 보면 원유가는 이미 최고 수준을 넘어섰다. 아시아 통화 위기로 인해 화폐가치가 큰 폭으로 하락한 타이에서는 원유 가격이 2005년을 기준으로 20년 전의 3배 이상에 달한다.

또한 원유가 상승 덕에 혜택을 보는 산유국이라 해도 국제 가격과 자국의 소득 수준이 매우 큰 차이를 보이는 탓에 결과적으로 국민 생활에 타격을 받고 더불어 경제 상황 악화라는 악순환에 빠져든다.

다시 말해 실질적인 원유가가 선진국에서는 과거 수준에 미치지 못하지만 개발도상국에서는 거의 사상 최고라고 할 수 있다.

● 원유 가격은 오르고 있으나…

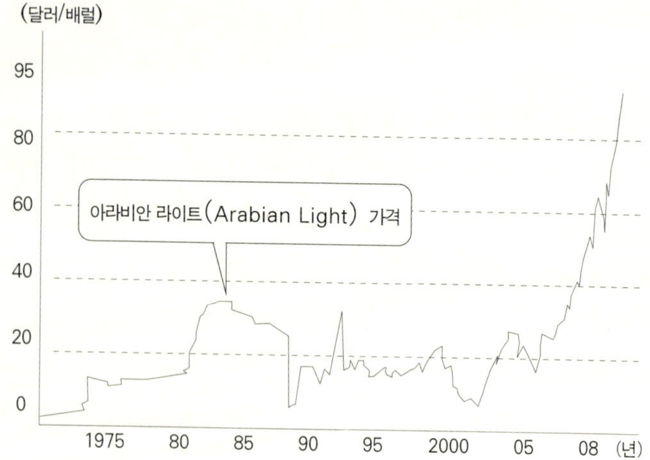

*아라비안 라이트 = 일본이 수입하는
　대표적인 원유 중 하나　　　　　　　　　　　　　(출처 : 일본 자원에너지청)

원유 가격 상승이 국가 경제에 미치는 영향은 어느 정도인가

고유가는 휘발유나 등유뿐만 아니라 여러 가지 물가의 상승을 불러와 일반 가계를 힘들게 한다. 이에 더해 가정뿐만 아니라 기업의 수익에도 압박을 가해 국가 경제에 악영향을 끼치는 점도 염려된다. 그렇다면 경제 전체에 미치는 영향은 대체 어느 정도일까?

원유 가격 상승이 경제 전체에 미치는 영향을 보려면 원유의존도를 지표로 삼아야 한다. 원유의존도는 원유 소비액을 명목 GDP(국내총생산)로 나눈 수치다. 이 수치를 원유의존도가 최고였던 1980년도와 비교하는 것이다.

「주간 이코노미스트」(마이니치 신문사) 2006년 8월 14일 임시 증간호에 의하면, 당시 일본의 원유의존도는 6.4%였으나 2006년도 원유 가격을 1배럴에 약 67달러로 환산하면 의존도는 2.9%로 피크 때의 45%에 머물러 있었다. 즉 2008년의 고유가가 일본 경제에 미친 영향은 의외로 작다고 할 수 있다.

세계적으로 보아도 2006년의 원유의존도는 5.2%. 1980년의 8.3%와 비교해도 약 60%에 불과하다. 이런 계산으로부터 단순하게 어림잡아 보면 원유 가격이 1배럴에 100달러 정도까지는 세계 경제가 유지될 수 있을 것이다.

2008년 들어 유가가 한때 100달러를 기록하기도 했으나 90달러 전후로 유지되고 있다는 점에서 세계 경제는 아직 체력이 남아 있다고 말할 수 있다. 다만 고유가의 영향이 간접적으로 그림자를 드리우고 있다.

선진국들은 하나같이 원유의존도가 낮다고 해도 중국이나 인도는 원유의존도가 높다. 일본의 수출 시장인 여러 아시아 국가의 경기는 일본에 적지 않은 영향을 준다. 다만 아시아 국가들이 무역에서 흑자를 내고 거래 상대가 주로 미국인지라 미국 경기가 갑자기 침체되지 않는 한, 아시아 국가들의 경기가 극단적으로 나빠지는 일은 없을 것이라는 게 일반적인 견해다.

또한 경제는 원유 가격이 오를 경우에만 영향을 받는 것이 아니다. 원유 가격의 하락도 걱정거리다.

원유 가격이 하락한다는 것은 미국 경제가 소비 규모를 유지하지 못하고 침체되고 있음을 의미한다. 그러면 미국에 수출하고 있는 아시아 국가들의 경제도 침체된다.

만일 유가가 적정 가격으로 조금씩 돌아오지 못하고 한꺼번에 급락하면 경제 혼란이 일어날 가능성도 있다. 바야흐로 경제 활동을 하면서 원유의 동향을 주목하지 않을 수 없게 됐다.

OPEC은 어떤 기관인가

뉴스 등에서 'OPEC'이란 단어를 자주 듣는다. 그런데 OPEC은 대체 어떤 기관일까?

OPEC(석유수출국기구)은 석유 생산량과 가격을 조정하고 수출 보호를 목적으로 하는 국제 기관이다. 1960년에 석유 5대 수출국이던 중동 지역의 사우디아라비아, 이란, 이라크, 쿠웨이트, 남미의 베네수엘라가 결성한 후 카타르, 인도네시아, 리비아, 아랍에미리트연합국, 알제리, 나이지리아, 2007년에는 앙골라와 에콰도르가 합류해 총 13개국이 됐다.

본디 OPEC은 석유 원산국들이 세계 석유업계에 군림하고 있던 유럽과 미국의 석유 메이저에 대항해 자국의 이익을 옹호할 목적으로 설립됐다. 그 후 OPEC 가맹국은 석유파동 등을 통해 공세를 강화하고 석유회사를 차례차례 국유화해 그 이익을 장악했다. 석유 메이저 추방에 성공한 것이다.

원유 생산량과 가격을 결정하는 이권을 손에 넣은 OPEC은 세계 생산량의 절반을 점하다시피 해 다년간 배럴당 2~3달러로 유지되던 원유 가격을 끌어올려 1980년에는 배럴당 34달러로 10배 이상 올렸다.

한편 이러한 가격 급상승은 원유 수요 감퇴라는 사태를 초래했다. 게다가 당시에는 중동을 벗어나 북해를 무대로 한 유전이 연달아 개발돼 경쟁도 치열해지고 있었다.

그런 와중에 강고하던 OPEC 내부 카르텔도 삐걱대기 시작했다. 참여국들이 당장의 수익 감소를 꺼려 감산 조정에 따르지 않았던 것이다. 유일하게 감산에 응했던 사우디아라비아가 참지 못하고 증산을 단행한 1980년대 중반에는 가격이 폭락해 순식간에 배럴당 10달러 이하로까지 떨어졌다.

수요 감퇴와 가격 폭락으로 OPEC은 가격 결정권을 포기하지 않을 수 없었고 이후 원유 가격은 시장이 컨트롤하게 됐다.

이런 연유로 석유시장에 대한 지배력이 약해진 OPEC의 점유율은 한때 30%나 감소해버렸다. 그 뒤 몇 번이나 가격 회복과 하락을 반복한 뒤, 2000년에는 OPEC 이외 노르웨이 등의 원산국과도 협력해 감산을 감행했다.

그 덕에 원유는 배럴당 30달러까지 오르게 됐다. 같은 해 4월에는 배럴당 22~28달러로 목표 가격대를 설정해 이 범위를 벗어나면 각국이 생산량을 자유로이 조정할 수 있는 제도가 도입됐으나 이 제도는 훗날 중단된다.

현재에는 발전이 두드러지는 중국 등 아시아에서 중동산 원유 수입이 증대하고, OPEC의 석유 점유율은 1970년대처럼 전체의 50%에 육박할 태세다.

석유 메이저란 대체 무엇인가

'석유 메이저'라는 단어를 들으면 어떤 생각이 드는가? 석유시장을 움직이는 국제 자본, 아니면 카르텔?

본디 '석유 메이저'란 원유 생산, 정제에서 석유제품의 판매까지 일련의 사업을 국제적으로 전개하는 거대 자본의 석유회사를 말한다. 국제 석유자본이라고도 하는데, 그중에서도 '세븐 시스터스'라 불리는 대형회사 7군데가 유명하다.

그 7개 회사는 미국의 엑슨, 모빌, 텍사코, 소칼, 걸프오일과 영국의 BP, 네덜란드-영국의 로열더치셸이다. '세븐 시스터스'는 20세기 중반까지 명실공히 세계 석유시장을 독점하다시피 했다.

1928년 이후 미국 석유시장을 독점하고 있던 록펠러 소유의 엑슨, 모빌 및 영국의 국책회사 BP, 인도네시아 석유를 개발하려는 목적으로 설립한 국제 합병회사 로열 등은 자신들이 획득한 석유 이권을 바탕으로 판매 점유율을 고정하기 위한 국제 카르텔을 결성했다. 그리고 제2차 세계대전 이후, 이들 7개 회사로 구성된 국제 카르텔이 석유 가격과 공급량을 결정하면서 세계 석유업계를 지배했다.

그러나 절정기였던 1960년대에 원유시장의 70% 가까이를 차지했던 세븐 시스터스는 1990년대 후반에는 점유율이 10% 정도까지 하락했다. 그리고 이들의 영향력은 쇠락 일로를 걷게 됐다. 그 원인은 앞서 말한 OPEC의 대두였다. 유전 자산을 국유화해 이권을 손에 넣은 OPEC이 1970년대 제1차 오일쇼크 이후 영향력을 급속도로 확대하며 석유 메이저를 대신해 석유시장을 독점했기 때문이다.

또한 그 뒤 북해유전 등의 유전이 잇따라 개발되면서 국제 카르텔에 좌우되지 않는 석유시장이 다수 조성된 것도 크게 영향을 끼쳤다는 분석이다. 여기에 미국, 아시아의 기업 및 유럽의 국영회사들이 새로 시장에 참가한 것도 세븐 시스터스가 쇠퇴하는 요인이 됐다.

세븐 시스터스는 사활을 걸고 합병 및 재조정에 들어가 시장의 변화를 극복하려고 애쓰고 있다. 7개였던 회사도 현재 엑슨모빌, 로열더치셸, BP, 셰브론의 4개사가 됐지만 과거의 영향력은 더 이상 찾아볼 수 없다.

석유 계량 단위인 '1배럴'은 어느 정도의 양인가

2008년 들어 원유 가격이 1배럴에 100달러를 넘었다는 뉴스가 화제가 됐다. 이때 자주 듣게 되는 석유 계량 단위 '배럴'이란 대체 어느 정도의 양일까.

배럴은 미국이나 영국에서 사용하는 야드-파운드법에 따른 부피 단위의 하나다. 1배럴은 42갤런으로 아시아에서 사용하는 리터로 환산하면 약 159리터가 된다.

배럴이란 이름은 대형 통에서 유래했다. 1850년대 미국 펜실베이니아 지방에서는 유전에서 퍼낸 석유를 나무로 만든 통에 넣어 운반했다. 그 통을 배럴이라 불렀는데 언젠가부터 석유 양을 재는 단위가 됐다고 한다.

그렇다면 왜 1배럴이 42갤런이 됐는고 하니 다음과 같은 설이 있다.

당시에는 석유를 50갤런들이 통에 넣어 마차에 실어 운반했다. 그런데 길이 험해 마차가 마구 흔들리는 바람에 석유가 통 밖으로 흘러넘치게 됐다. 그래서 마을에 도착해서 석유를 거래할 때면 통에 담긴 석유가 줄어들어 대략 42갤런이 돼 있었다. 그런 이유로 한 통, 즉 1배럴은 42갤런으로 계산하게 됐다고 한다.

참고로 '배럴'은 다루는 품목에 따라 용량이 달라진다. 석유는 1배럴이 약 159리터이며 국제적으로 석유 계량 및 가격 설정 단위로 보급돼 있으나 과일이나 채소는 1배럴이 약 115.6리터, 그 외의 액체는 1배럴이 약 119.2리터다.

원유 1배럴을 생산하는 데 드는 비용

원유 가격에서 생산 비용은 어느 정도일까.

원유 생산 비용을 보면 대개 탐광 비용, 개발 비용, 조업 비용으로 나눌 수 있다. 탐광 비용은 석유가 있는지 없는지, 있다면 어느 정도 있는지 등을 알아보는 지질 조사 및 시굴에 드는 비용이다. 그러한 조사를 통해 석유를 찾아내면 본격적인 개발이 시작된다.

이어서 굴삭비, 파이프라인, 저장 탱크, 적출 설비 등 실제적인 채굴에 필요한 초기 투자에 드는 것이 개발 비용이다. 조업 비용은 채굴 시설을 유지하고 보수하는 데 들어가는 비용을 말한다.

이 비용들을 합한 생산 비용은 유전에 따라 다르다. 「주간 이코노미스트」 2006년 8월 14일 임시증간호에 따르면 중동에서는 생산 비용이 배럴당 5달러 미만이지만 중국에서는 10달러 안팎, 북해 유전이나 미국에서는 10달러가 넘는다. 즉, 중동에서는 저렴하고 미국 등에서는 비싼데 중동 지역이라면 원가가 겨우 5달러에 불과하다. 생산 비용만 본다면 이익을 생각해도 1배럴에 50~60달러를 적정 가격으로 볼 수 있다.

기본적으로 원유 가격은 가장 비싼 생산 비용에 맞추어 결정되기 때문에 생산 비용이 높은 유전도 운영이 가능한 것이다. 그 결과 생산 과다가 돼 원유 가격은 다시 내려간다. 이러한 수요와 공급의 원리에 따라 원유 가격이 어느 정도 조정된다.

한편 최근 몇 년간 원유 가격이 계속 최고치를 갱신했다.

그렇다면 이렇게 상승한 이유는 무엇인가. 이는 소위 말하는 투자 때문이다. 투자가와 기업들이 원유가 상승을 기대하며 원유를 매점매석하려고 자금을 원유시장에 쏟아 부으면 원유 가격이 한꺼번에 상승한다.

왜 원유는 달러를 기준으로 거래되는가

원유는 세계 각국에서 거래되는데, 대부분의 나라나 지역에서 원유를 채굴하거나 매매할 때는 유로화나 엔화가 아닌 달러를 기준으로 한다.

왜 달러인가? 그것은 소위 석유 메이저 대부분이 미국계였던 영향이 크다. 여기에 석유 산업이 미국에서 시작됐고, 미국이 세계 1위의 소비국이라는 점도 원인 중 하나다.

한편 최근 이란 및 베네수엘라가 석유 거래에 유로를 사용하려는 움직임을 보이는 등 '달러 버리기' 현상이 문제가 되고 있다. 2003년 미국이 이라크를 침공한 것도 사실은 이라크가 원유 거래 시 사용하는 돈을 유로로 바꿔버렸기 때문이라는 이야기도 있다. 그러나 이라크 전쟁 후에도 달러 버리기는 멈추지 않고 있는데 특히 미국으로부터 금융제재를 받고 있는 이란의 달러권 이탈이 두드러진다.

2007년 9월, 이란은 거래 기준 화폐로 유로를 도입하는 등 달러의 비율을 줄이더니 10월부터는 일본의 석유도매회사들이 이란의 요구에 응해 엔화 결제에 합의했다. 나아가 이란은 같은 해 12월부터 원유의 달러 결제를 완전히 중지했다.

또한 2007년에 열린 OPEC 수뇌회담에서 이란과 베네수엘라는 각종 통화를 혼합한 바스켓 통화를 도입하겠다는 방침을 세웠다. 이 제도는 사우디아라비아 등의 반대로 불발에 그쳤으나 이후 다시 제기될 개연성이 다분하다.

또한 러시아도 2006년 루블화 베이스의 원유 거래를 개시했다. 푸틴 대통령은 러시아 경제의 호조에 힘입어 루블을 세계 통화로 만들려고 벼르는 중이다. 이런 상황이 전개됨을 보아 세계적으로 달러 버리기 현상이 진행되고 있음을 간파할 수 있다.

지금까지 기준통화가 달러였던 덕에 미국은 달러를 찍어내기만 하면 어디서든지 원유를 구입할 수 있었다. 그런데 유로나 루블 베이스가 되면 해당 외화를 조달해야 하고, 그 결과 달러 가치는 떨어지게 된다. 그런데 달러 버리기가 한꺼번에 진행되는가 하면 꼭 그렇지도 않다. 달러가 하락하면 달러 베이스로 결제해 벌어들인 오일머니를 운용하는 중동 국가들의 재산도 줄어들게 돼 곤란하기 때문이다.

이렇듯 달러 버리기가 진행되는 한편으로 달러 가치의 하락을 막으려는 나라도 있어 이 추세가 어찌 될지는 아직 명확하지 않다.

왜 원유 가격이 오르면 금 가격도 상승하는가

2008년 들어서 원유 가격은 1배럴에 100달러로 최고치를 갱신했는데 실은 금 가격도 1월 2일, 1트로이온스(약 31그램)에 860달러로 올라 최고치를 기록했다. 금은 2006년 말부터 원유 가격에 보조를 맞추는 듯한 가격 움직임을 보여왔다.

예로부터 '사회가 불안해지면 금값이 폭등한다'고 했고 1970년대 석유 위기 당시에도 금값이 4배나 오른 바 있다. 그 이후로 세간에는 '원유 가격 상승=금값 상승'이라는 공식이 정착됐다. 그러나 원유값과 금값이 연동돼 있는 것은 아니다. 예를 들어 2004년까지 20년 동안 원유와 금의 가격 변동 추이를 보면 원유 가격은 변화가 심한데 금은 거의 제자리에 머물러 안정된 가격 움직임을 보였다. 또한 유가가 상승한 2004~2006년에도 금은 원유가만큼 상승하지 않았다. 그런데 최근에는 금 가격이 유가에 연동된 듯 상승했다. 왜 그럴까.

금 가격은 원유 가격 상승에만 반응하는 것이 아니다. 원유뿐만 아니라 인플레이션에 반응해서 오르는 것이다. 2004년에 유가가 올랐을 때에는 디플레이션의 영향도 있고, 기업들이 비용 대비 우수한 성적을 거두었기에 인플레이션이 일어나지 않았다. 그래서 금가격이 원유 가격에 반응하지 않았던 것이다.

그러나 스미토모 금속광산 홈페이지에 의하면 유가가 70달러를 넘어서자 원가 절감도 한계에 달해 인플레이션에 대한 우려가 커졌다. 이 때문에 금이 주목받는다는 것이다.

이럴 때 금이 주목받는 이유는 금이 가진 특이한 성질 때문이다. 원유는 어디까지나 상품이지만 금은 그 자체가 통화로서 가치를 갖는다. 그러므로 경기의 앞날이 불투명해지면 가격이 안정적인 금이 주목받게 되는 것이다.

이렇듯 유가와 금값은 직접적으로는 연동돼 있지 않으나 간접적으로는 연동돼 있다고도 할 수 있다.

석유 매장량의 진실

지금 이대로라면 이후 30년 안에 석유가 고갈돼 버리지 않을까, 걱정하는 사람도 많을 것이다. 불안의 원인이라고 한다면 석유 매장량을 들 수 있다. 석유 매장량을 단순히 지구에 남아 있는 석유의 양이라고 생각하기 쉬우나, 석유의 매장량은 전제 조건에 따라 수치가 달라진다.

보통 석유 매장량이라고 하는 경우에는 '현재 이미 발견된 유전에서 지금의 기술로 석유를 퍼올린다' 는 전제 조건을 바탕으로 산출된다.

이 경우 많이들 말하는 '이후 30년'이라거나 '앞으로 40년'이라는 숫자가 등장한다. 그러므로 당연히 '중국이나 인도 등 대국의 경제가 발전하면 지금보다 석유가 더 많이 사용될 것이므로 계산했던 것보다 석유가 더 빨리 없어진다'는 결론이 나온다.

전술한 것과 같이 석유 매장량을 생각할 때의 키워드는 '유전'과 '기술' 두 가지다.

앞에서 '현재 이미 발견된 유전'이라고 표현했는데 정확히는 '지금까지 발견된 유전 중에 원유가 있을 확률이 90%인 곳'이다. 표현에 대해 왜 이리 까다로운가 하면 원유가 있어도 실제로 굴착해보지 않으면 어느 정도를 채취할 수 있는지 알 수 없기 때문이다. 그중 '일단 여기라면 틀림없이 원유가 나온다'고 말할 수 있는 유전만을 대상으로 해서 산출한 것이 일반적으로 말하는 석유 매장량이다.

한편 발견된 유전 중에는, 일반적인 석유 매장량에는 포함되지 않아도 원유의 존재 확률이 50%나 10%인 것들도 있는데 이런 유전들에서도 원유가 나올 가능성은 있다.

또 하나의 키워드는 '기술'이다. 현재 유전에서 채취할 수 있는 원유는 평균 30% 정도에 불과하다. 즉, 남은 70%의 원유는 그대로 땅 속에 묻혀 있다. 이렇게 회수율이 낮은 이유는 원유가 암석 사이에 스며들어 있는 데다, 암석의 입자와 입자 사이가 매우 세밀하거나 단단해서 원유를 추출하기가 힘들기 때문이다. 또한 비용 문제도 있다. 사실 기술적으로는 충분히 회수할 수 있으나 비용이 많이 들어 현재로서는 굳이 원유를 캐낼 필요가 없는 유전도 있다.

이상과 같이 여러 각도에서 보면 새로운 유전 발견 및 기술의 진보에 따라서 아직은 석유 매장량이 늘어날 여지가 있다.

석유 생산력이 감소하기 시작하는
'오일피크'의 실체

석유의 미래에 어두운 그림자를 드리우는 이론이 있다. 바로 '오일피크(oil peak)'[3] 이론이다. 어떤 유전의 채굴 가능 매장량의 반정도를 채굴한 단계에서 채굴량이 피크에 달해 그 이후는 산출 가능한 원유량이 감소하는 현상으로 '석유 마모'라고도 한다.

이를 제창한 것은 M. K. 허버트라는 연구자였다. 그는 미국에서 원유생산량이 증가하던 1956년에 이 이론을 발표하면서 미국의 오일피크는 1970년 무렵에 올 것이라고 예측했다. 초기에는 이 이론에 주목하는 전문가가 적었으나 실제로 허버트의 예측이 맞아떨어지면서 시선을 끌게 됐다. 참고로 피크를 지나 감산하는 변화를 그래프화한 종모양의 곡선은 허버트의 이름을 따서 '허버트 곡선'이라고 부른다.

오일피크는 매장량에 따라 다르다. 가령 수십 억 배럴이 묻힌 대유전의 경우에는 발견된 지 20~30년 안에 오일 피크가 찾아온다고 한다.

이 이론은 세계적으로 상당히 인지도가 높으며, 많은 연구 기관에서 관련 연구에 몰두하고 있다. 그러한 연구 결과의 하나가 2008년 과학 잡지 「네이처」에 게재됐다. 이에 따르면 세계 석유 생산량은 차후 10년 이내에, 천연가스는 20년 이내에 오일피크를 맞을 것이라고 한다.

한편 스웨덴에는 ASPO라는 오일피크 연구 단체가 있는데 유럽

---

[3] '피크오일'이라고도 한다.

연구자들이 중심이지만 대형 석유회사도 참가하고 있다. 이 단체의 창설자인 석유지질학자 캠벨은 허버트 이론을 바탕으로 초기에는 세계 오일피크가 2004년에 도래할 것으로 보았다. 그러나 이 예측이 빗나가 2004년이 되자 ASPO는 오일피크가 2008년에 올 것이라고 바꾸었다.[4]

이들의 예측이 맞을지 어떨지는 알 수 없지만 「네이처」에 게재된 견해와 합쳐 생각해보면, 세계 오일피크가 목전에 임박했을 가능성이 있다. 오일피크가 도래하면 당연히 세계 석유 생산량은 감소하며 가격은 계속 급등할 것이다. 따라서 지금처럼 석유를 쉽게 쓸 수 없을지도 모른다. 이런 점들도 고려한 다음 앞으로의 석유 정책을 고민해야 할 것이다.

---

[4] 캠벨은 현재 2010년 전후를 오일피크 시기로 예측하고 있다.

일상 속 석유에 대한 뜻밖의 사실들

일상 속 석유에 대한 뜻밖의 사실들

석유가 비싸지면 왜 식료품 가격까지 오를까

작금의 석유값 상승은 휘발유나 등유뿐만 아니라 다양한 물가도 상승시키고 있다. 그 영향은 석유로 만드는 플라스틱, 합성섬유 등에 머물지 않고 식료품에까지 미친다.

대체 왜, 원유 가격이 오르면 식품 가격이 오를까. 답은 주변의 다양한 것들이 석유를 원료로 하기 때문이다. 예를 들어 컵라면 용기도 석유로 만든다.

그렇다면 석유와는 전혀 관계가 없이 보이는 채소나 과일 가격은 왜 오르는 것일까. 물론 채소와 과일이 석유제품은 아니지만 채소나 과일을 재배하는 비닐하우스의 난방비가 오르고, 그런 점이 상품 가격에 영향을 준다. 게다가 오렌지 주스, 햄에 이르러서는 유가 상승이 생각지도 못한 형태로 가격 상승을 유도한다.

그 원인 중 하나는 대체 에너지로 주목받는 바이오에탄올에 있다. 바이오에탄올은 주로 옥수수, 사탕수수 등을 원료로 만든 에너지 연료로, 미국에서는 주로 옥수수를 사용한다. 바이오에탄올은 고유가 시대에 석유를 대신할 에너지라는 기대가 높다.

그 결과, 원료가 되는 옥수수 등에 시선이 집중돼 미국에서는 오렌지, 콩, 밀밭 등이 차츰 옥수수밭으로 바뀌었다. 2007년 미국에서는 옥수수 가격이 그 전 해의 2배로 뛰었으며 옥수수 산지로 알려진 네브래스카 주의 질 좋은 경지가 전년 가격의 1.5배에 거래됐다. 반대로 오렌지나 밀 등은 생산이 줄어, 가격이 상승했다. 이는 빵과 오렌지 주스 등의 가격이 오르는 결과를 낳았다. 게다가 생각지 못한 여파가 일었다. 소나 돼지 등의 값싼 사료로 쓰던 옥수수 가격이 급등하자 축산 사료 비용이 올랐고 이는 육류 가격 상승까지 불러온 것이다.

미국에서는 바이오에탄올에 대한 기대가 높아 10년 내에 에탄올을 7배 정도 늘릴 계획도 있다. 하지만 이는 미국 국내의 옥수수를 몽땅 쏟아 부어도 부족한 양이다.

즉, 에너지를 만들기 위해 식량을 사용하는 아이러니컬한 상황에 처한 것이다. 에너지인가 식량인가, 인류는 막다른 선택을 강요당하고 있는 것일지도 모른다.

● 석유로 인해 식료품 가격이 상승하는 3가지 원인

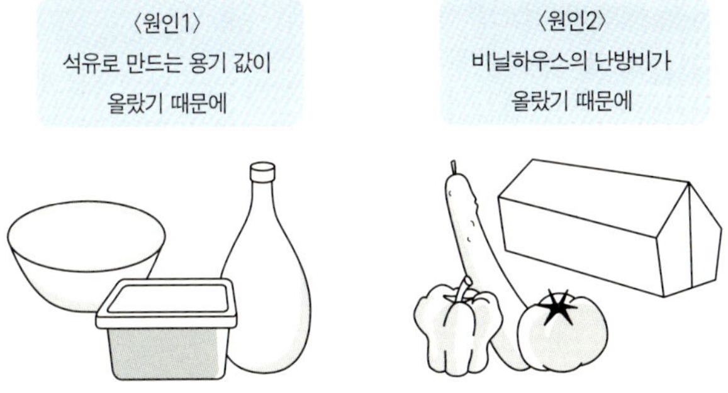

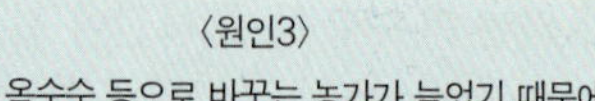

석유를 더 이상 수입하지 못하면 어떻게 될까

바야흐로 석유가 없으면 하루도 제대로 생활할 수 없다고 해도 과언이 아니다. 그러나 우리는 석유 대부분을 수입해 쓴다. 게다가 수입처는 거의 중동 지역에 치우쳐 있다. 그렇다는 것은 중동 지역에 분쟁 등이 일어나 석유 공급이 중단되면 우리의 생활이 크게 영향을 받는다는 의미다.

그러한 사태에 대비해 일본 각지에는 국가의 석유비축기지가 있다. 만일의 경우를 위해 석유를 준비해둔 것이다. 일본은 과거 석유

위기에 처했을 때 비축 석유를 방출해 비축분이 50일치까지 뚝 떨어진 적이 있다. 이를 교훈삼아 1978년 3000만 킬로리터 비축 체제를 세웠고, 1989년에는 그 목표를 5000만 킬로리터로 끌어올렸다.

그 결과, 2007년 8월말 현재, 지금 시점의 소비량을 기준으로 약 99일분에 해당하는 5095만 킬로리터(약 3억2000만 배럴)가 비축돼 있다. 여기에 민간에서도 약 88일분에 상당하는, 석유제품 2303만 킬로리터, 원유 2075만 킬로리터에 달하는 양을 비축하고 있다.[1]

즉 일본 석유의 90%를 대고 있는 중동의 석유 공급이 중단돼도 187일 정도는 현재와 같은 생활이 가능하다는 이야기다. 약 반 년이라면 그 시간에 다른 나라에서 수입할 수 있을 것이다.

그렇다면 그렇게 많은 석유는 어디에 보관돼 있을까.

바로 도호쿠, 규슈, 남부 시고쿠 등에 있는 석유비축기지 10곳이다. 여기에는 일반적인 지상탱크 이외에 도호쿠의 구지(久慈)·시고쿠의 기쿠마(菊間)·규슈의 이치키쿠시키노 등에 있는, 자연재해의 영향을 잘 받지 않고 사용 면적이 적은 지하의 암반을 도려낸 지하 암반탱크나 규슈의 하쿠시마(白島)와 가미코토(上五島)의 해양 공간을 효과적으로 이용한 해상 탱크 등이 있다.

이들 10곳에 모두 4000만 킬로리터의 원유를 비축하고, 남은 분량은 민간으로부터 대여한 석유탱크에 보관해 24시간 관리하고 있다. 또한 민간 비축분은 석유회사 등에서 비축하고 있다.

석유를 장기보관하면 열화하지 않을까 하는 염려도 있으나 JOGMEC(석유천연가스-금속광물자원기구)에 따르면 장기간 저장해도 성분은 달라지지 않으며 길게는 20년이나 저장 중인 석유도

---

[1] 한국석유공사에 따르면 한국의 국가 석유비축량은 2009년 4월말 기준 1억3900만 배럴로, 이는 석유 일순수입량 기준 약 138일분에 해당한다.

있다고 한다. 여기에 비축한 석유는 긴급 상황이 발생하면 빠르면 2
주 안에 방출할 수 있다고 한다.

◉ 일본의 석유 비축

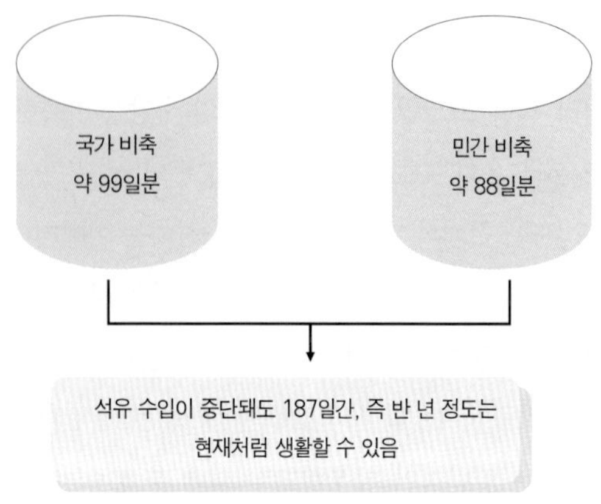

휘발유 가격의 60%는 세금

비싸다고들 하는 일본의 휘발유 가격이지만 실은 그중 반 이상
이 세금이다.

석유에는 일곱 종류의 세금이 있어서 이들을 총칭해 석유제세라
고 부른다. 우선 원유, 석유제품을 수입할 때 1킬로리터에 170엔의
관세와 그에 더해 석유석탄세 2040엔이 부과된다. 석유 물질들이
제품으로 가공되면 추가로 용도별 세금이 부과되는데 1킬로리터
의 LP가스에는 석유가스세 9800엔, 휘발유에는 휘발유세 5만3800
엔, 경유에는 경유거래세 3만2100엔, 제트연료유에는 항공기 연료

세 2만6000엔이 책정돼 있다.

게다가 이러한 세금이 포함된 가격에 5%의 소비세가 더해진다. 과세액에 추가로 소비세가 가산되기에 이중과세라고 하는 이들도 있다. 소비세까지 포함한 석유제세는 2007년도에 5조9000엔을 넘었다.

이를 1리터에 141엔으로 계산하면 관세 0.17엔, 석유석탄세 2.04엔, 휘발유세 53.8엔, 소비세 7.05엔이 돼 합계 63.06엔(약 820원)의 세금이 부과되고 있다는 계산이 나온다.[2]

즉 휘발유의 실질 가격은 77.9엔이 된다. 원유 가격이 오를 때에는 세율이 5% 깎이지만 1리터에 100엔일 경우에는 61엔의 세금이 매겨져 세금이 60%인 셈이다.

석유제세에 따른 세수는 연간 약 5조 엔이지만 실은 그중 80% 이상이 도로 정비 비용으로 책정돼 있다. 이에 대해서도 의문의 목소리를 높이는 사람이 적지 않다.

또한 휘발유세의 잠정세율은 1974년에 도입됐으나 휘발유세 5만3800엔 (4만8600엔이 휘발유세이며 나머지는 지방도로세) 가운데 2만5100엔은 일시적으로 붙은 것이었다. 이 세율은 30년 넘게 갱신돼왔는데 2008년 3월 31일부로 일단 실효했지만 불과 1개월 뒤 다시 부활했다.[3]

---

[2] 한국에서는 석유 관련 제품에 관세, 부가세, 교통세, 주행세 등이 붙는다. 그러나 징수 기관과 과세 방법이 복잡한 데다가 최근 유가 변동이 심해 구체적인 금액은 변동이 심한 편이다. 2009년 4월 기준으로 휘발유의 관세는 3%, 교통세가 514원, 세전 금액에 주행세 30%, 교육세 15%, 그리고 세금을 포함한 가격에 부가가치세 10%가 더해진다.
[3] 잠정세율은 고도성장기였던 1970년대에 도로 등의 기반 시설 확충을 위해 본래의 휘발유세에 임시로 더해진 것이다.

석유에 붙는 세금

수입 제품
수입 원유

관세

제품 관세
(휘발유, 등유
경유, 중유 등)
원유 관세
170엔/kl

석유석탄세
2040엔/kl

LP가스
휘발유
경유
제트연료유

석유가스세
9800엔/kl
휘발유세
5만3800엔/kl
경유거래세
3만2100엔/kl
항공기연료세
2만6000엔/kl

소비세 5%

소비자

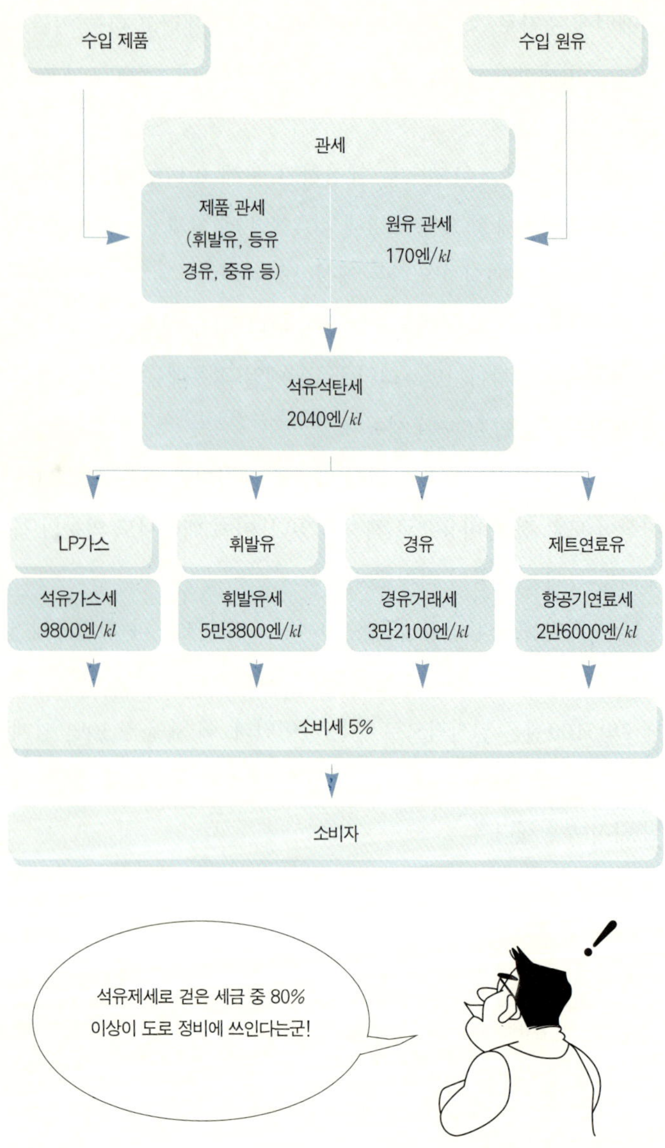

석유제세로 걷은 세금 중 80%
이상이 도로 정비에 쓰인다는군!

주유소 수가 급격히 감소하는 이유

2007년 3월 말, 일본의 주유소는 전년에 비해 1792곳이나 줄어 4만5792곳이었다. 감소율은 3.8%로 역대 최대, 감소 수는 역대 두 번째로 많았다.

일본의 주유소는 1995년 최고치에 달한 이래 매년 감소하고 있다. 1995년에는 6만421곳이 넘었지만 그 뒤 12년 동안 약 1만 5000곳이나 감소한 것이다.

주요 이유는 유가 상승이지만, 가장 큰 문제는 치열한 가격 경쟁이다. 다른 회사보다 조금이라도 싼 가격을 제시하기 위해 대부분 수지도 맞지 않는 가격으로 판매해야 했던 것이다.

거기에 더해 벌어진 상황이 유가 상승이다. 정제·도매회사가 가격을 올려도 주유소들끼리 가격 경쟁을 펼치느라 오른 가격을 판매가에 포함시킬 수가 없는 상황이다.

또 휘발유 가격이 오르면 소비자는 자가용 이용을 삼가거나 전에는 꽉 채우던 탱크에 필요한 만큼만 넣으며 절약한다. 때문에 휘발유 전체의 매상이 떨어진다.

실제로 10년쯤 전에는 휘발유가 주유소 이익의 약 90%를 차지했으나 최근에는 그 비율이 70~60%로까지 떨어지고 있다고 한다.

따라서 세차 및 타이어 교환, 자동차 검사 등 휘발유 이외의 서비스로 이익을 내지 않으면 경영을 할 수가 없다. 자가주유 시설을 늘리고 정규직원을 줄이고 인건비가 싼 아르바이트를 고용하는 등 긴축 운영을 해도 생각한 만큼의 성과가 나지 않는 것이 현실이다.

구미에서는 유전 개발에서 휘발유 도매업까지 석유회사가 전체 과정을 도맡는 것에 비해 일본에서는 정제·도매회사와 주유소 경영자가 별도로 있고 영세한 중소기업이 많아 경영 체력이 약하다는 점도 주유소 감소의 원인이다.

이 외에 특석법(특정석유제품수입잠정조치법) 폐지 등으로 규제는 완화되는 데다, 대기업과 농협 등 사기업의 주유소와 여기 속하지 않는 무 브랜드 주유소의 신규 진입이 증가해 경쟁이 한층 심해지는 석유업계 특유의 사정이 주유소 경영을 한층 어렵게 하고 있다.[4]

셀프식 주유소가 급증하는 이면에 숨겨진 문제점

일본 석유정보센터의 조사에 따르면 운전자가 스스로 급유하는 셀프식 주유소가 급증해 2006년 전국에 6000점을 돌파했다. 이는 전국 주유소의 약 13%에 해당한다.

앞서 말한 대로 1996년 특석법 폐지로 규제가 완화된 후 석유업계는 경쟁시대에 돌입했다. 1998년 소방법 개정에 따라 셀프식 주유소 설치가 허용되며 주유소 경쟁이 격화되는 듯했으나 정작 1998년에 등장한 셀프식 주유소는 85곳에 불과했다. 그러나 이후 휘발유 가격이 올라가고 도매업체의 투자가 상승세를 타자 셀프 방식으로 개조하거나 점포를 새로 내는 가게가 늘어 2004년에는 4000점을 돌파하는 등 개점 러시가 계속되고 있다.

셀프식 주유소는 가격이 풀 서비스 주유소에 비해 1리터에 3엔 정도 싸서, 주유소 측은 인건비를 줄이고 이용자는 싸게 쓸 수 있

---

[4] (사)한국주유소협회에 따르면 한국에서는 치열한 경쟁에도 불구하고 2008년 한 해 동안 주유소가 400곳 이상 늘어난 것으로 조사되었다.

다는 장점 때문에 계속 증가할 것이다.

한편으로는 기계에 익숙지 않다거나 자동차 관련 상담 등 풀서비스를 원하는 고객도 있다. 그 때문인지 풀서비스와 셀프식 서비스 모두를 갖춘 '셀프풀'이라는 주유소도 등장했다.

그러나 셀프식 주유소의 증가와 더불어 급유를 잘못해 생기는 트러블도 증가하고 있다. JAF(일본자동차연맹)에서는 2007년 4~6월에 도쿄, 지바, 가나카와, 야마나시에서만 연료를 잘못 넣어 생긴 구원 요청이 153건에 달하는 것으로 보고되고 있다. 그 대다수는 경유를 경자동차용 등으로 착각하거나 경유 가격표를 보고 휘발유라고 생각해버리거나 하는 실수였다.

저렴한 가격으로 인기를 끌어온 셀프식 주유소지만 최근의 유가 상승 때문에 어두운 그늘도 있다. 주유소 자체는 그 수가 감소해 차후 경쟁은 더욱더 심해지고 도태되는 곳도 있을 것으로 보인다.

자동차 소유주가 휘발유를 절약할 방법

휘발유 가격 상승은 언제든지 가계를 직격한다. 휘발유를 조금이라도 절약하고 싶다면, 휘발유를 절약할 방법은 여러 가지가 있다.

우선 운전과 관련해서는, 연료가 가장 많이 소비되는 출발시에는 액셀러레이터를 천천히 밟고, 주행 중에는 가능한 한 속도를 일정하게 유지하면 연비가 좋아진다.

일본자동차연맹에서는 차가 움직이는 상태에서 천천히 액셀러레이터를 밟으면 연비가 1리터에 5~8킬로미터까지 높아진다고 보고했다. 또한 속도를 유지하기 위해서 앞서 가는 자동차에도 신경을 써서 불필요하게 액셀러레이터를 쓰지 않는 것도 철칙이다.

나아가 차의 상태에도 신경을 써야 한다. 특히 타이어의 공기압, 중량에 주의를 기울여야 한다. 타이어의 공기압은 1/4 저하된 것만으로 100킬로미터 주행 시 200밀리리터의 휘발유를 낭비한다.

물론 차가 무거우면 그만큼 연료를 소비하므로 필요 없는 짐은 싣고 다니지 말아야 한다. 짐 30킬로그램을 실으면 1000킬로미터를 달렸을 때 휘발유를 1리터 더 소비한다. 가능하면 휘발유도 탱크 가득 채우지 않는 것이 좋다. 휘발유 자체의 무게도 중량을 더하기 때문이다.

또한 조금이라도 싼 휘발유를 넣는 센스도 필요하다. 카드 회원이 된다거나 자가주유 시설을 사용하는 등 절약 방법을 염두에 두는 것도 중요하다. 최근에는 'e연비' 등 주유소의 수매 가격을 집계한 웹사이트 및 최저가격을 메일로 보내주는 서비스도 있다.[5]

또한 토·일요일에 가격을 내리는 주유소가 비교적 많으니 평일보다는 주말을 노려라. 단 싼 주유소를 찾아 멀리까지 간다면 주객이 전도되는 셈, 조금씩의 절약도 티끌모아 태산이다. 작은 노력이 가계를 구해줄 것이다.

비닐봉지 1장으로 절약할 수 있는 석유의 양

슈퍼마켓에서 산 물건들을 넣는 비닐봉지는 가볍고 튼튼하며 방수도 잘 돼서 1970년 이후 급속도로 보급됐다.

---

[5] 유사한 서비스를 제공하는 한국 사이트로는 http://www.opinet.co.kr, http://www.oilpricewatch.com 등이 있다.

비닐봉지의 원료는 폴리에틸렌, 즉 석유로 만드는 플라스틱 제품이다. 비닐봉지 1장을 만드는 데에는 약 20밀리리터의 석유가 필요하다. 한 가구가 연간 약 310장의 비닐봉지를 소비한다고 보면 약 6.2리터의 석유를 사용한다는 계산이 나온다.

이를 일본 전국으로 넓혀 환산해보면 연간 약 30만 킬로리터, 즉 리터 들이 페트병으로 하면 무려 1억5000만 병의 석유를 소비하고 있다는 계산이 나온다(출처: 마쓰시타 전기산업주식회사 홈페이지).

비닐봉지는 석유를 원료로 소비할 뿐만 아니라 최종적으로는 쓰레기로 폐기되기 때문에 각 지자체의 처리 비용도 늘어난다. 여기에 비닐봉지를 소각할 때 나오는 이산화탄소도 문제가 되고 있다. 그래서 최근에는 정부, 기업, 소비자들이 비닐봉지 안 쓰기 운동을 벌이기도 한다.

1995년에는 용기 재활용법이 제정돼 용기 사용을 줄이는 방안이 마련됐다. 비닐봉지의 유료화도 심의됐으나 영업의 자유를 해친다는 이유로 법규화는 일단 보류됐다.

그러나 2007년 개정된 용기재활용법에서는 포장용기를 일정 수준 이상 사용하는 업자에게는 포장용기 사용량 삭감을 권장하고 이에 더해 포장용기를 연간 50톤 이상 사용하는 업자는 의무적으로 삭감을 위한 조치를 취하도록 명시했다.

포장 줄이기는 한편으로 점포에서도 시작되고 있다. 즉 비닐봉지를 적게 쓰자고 호소하면서 비닐봉지를 5~10엔으로 유료화하는 점포가 생기고 비닐봉지를 쓰지 않으면 포인트를 적립해주는 제도를 도입해 장바구니 지참을 촉구하는 가게도 있다.

이러한 운동의 성과로 2006년 환경성의 조사에 의하면 소비자의 약 70%가 장바구니를 사용하며 절반 가까이는 비닐봉지의 유료화에 찬성한다는 결과가 나왔다. 소비자들도 비닐봉지를 적게 써야 한다고 생각함을 알 수 있다.

비닐봉지 사용 규제에 대한 각국의 예를 보자. 한국이나 타이완에서는 비닐봉지는 무료로 주지 못하게 법을 만들었고, 아일랜드에서는 비닐봉지 1장에 15엔의 세금을 매긴 결과 5개월 만에 비닐봉지 사용을 90%나 줄이는 데 성공했다.

일본에서도 각 지자체에서 독자적으로 대응책을 마련해 비닐봉지 사용을 줄인다는 목표를 정하거나 도쿄도 스기나미 구와 같이 비닐봉지 1장에 5엔을 과세하는 스기나미 환경목적세, 통칭 '비닐봉지세' 등의 도입을 검토하는 곳도 있다.

● 비닐봉지 제조에 필요한 석유의 양

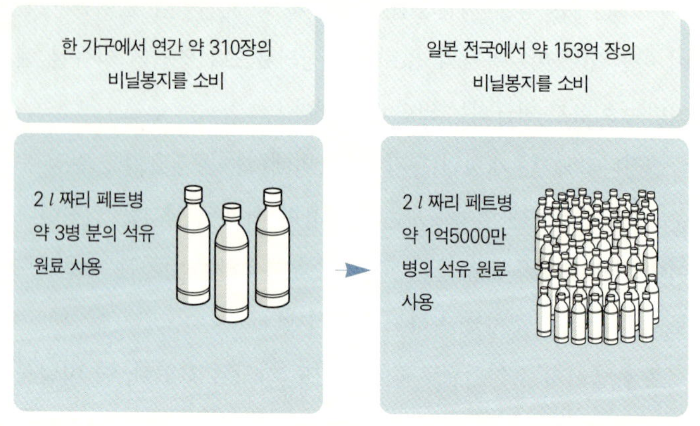

70년대의 오일쇼크는 왜 일어났는가

1970년대의 오일쇼크는 1973년 10월에 시작된 제4차 중동전쟁이 원인이다.

1973년 10월 6일, 이스라엘 점령 하에 있던 시나이 반도를 구소련의 지원을 받는 이집트, 시리아 연합군이 공격하며 미국의 지원을 받는 이스라엘과 전쟁이 시작됐다. 그러자 OPEC에 가입된 페르시아 만 연안의 산유국들이 원유 가격을 올렸고, 이스라엘 군이 철수할 때까지 원유 생산량을 매월 5%씩 줄일 것이라는 성명을 발표했다.

이 발표는 일본을 뒤흔들었다. '가까운 시일 내에 석유 수입이 끊길 것이다!' 라고 생각한 일본인들은 휘발유는 물론이고 휴지마저도 떨어질까 걱정하며 '사재기'에 휩쓸렸다. 때문에 슈퍼 등의 가게에서 휴지가 사라지는 현상이 발생했다. 또한 주유소의 휴업, 자가용 사용 자제, 심야 텔레비전 방송 중지, 백화점의 에스컬레이터 운행 정지 등의 에너지 절약책이 실행돼 국민 생활은 크게 영향을 받았다. 게다가 일본과 유럽의 석유회사가 온갖 수단을 동원해 원유를 그러모은 탓에 원유 가격이 급등했다. 1년도 채 안 되는 기간 유가는 1배럴에 3달러에서 12달러로, 약 4배나 뛰어버렸다.

그 결과, 일본의 경상수지는 대폭 적자에 빠지고 소비자는 물건 부족에 대한 불안 때문에 생활필수품 사재기에 몰두해 소매점의 매점매석이 비일비재했다. 연간비율 20%를 넘는 인플레이션으로 '물가의 광란'이 일어났다.

이것이 제1차 오일쇼크다. 중동의 석유가 일본의 경제와 국민생활에 얼마나 큰 영향력을 갖고 있는지 말해주는 사건이다.

그런데 실은 이 당시 원유 수입량이 전년 같은 시기를 밑돈 적은 한 번도 없었다. 원유가 부족해 원유 가격이 높아진 것이 아니라는 얘기다. '석유 공급이 끊길 것이다!'라는 이야기는 억측에 불과했던 것이다.

제1차 오일쇼크에 이어서 1979년 이란에서 혁명이 일어나 원유 생산이 급감하고 산유국이 원유 가격을 대폭 올린 것이 원인이 돼 제2차 오일쇼크가 일어났다. 이번에도 원유 가격은 약 3배 상승해 석유를 수입해 쓰는 나라들이 큰 타격을 받았다. 이와 함께 중동 등의 산유국이 갖는 힘이 점차 확대됐다.

자주개발 유전이란

천연자원이 빈곤한 일본은 대부분의 석유를 중동에서 수입해 쓰는 터라 석유의 안정 공급은 오랜 세월의 과제였다. 요즘은 정부도 새로운 에너지 자원 조달 전략을 도모하고 있다.

2006년에 경제산업성이 완성한 '신 국가에너지 전략'에 의하면 2030년까지 현재 에너지 수요 중 석유가 점하는 비율을 50%에서 40%로 절감하고 동시에 석유 수입량에서 차지하는 자주개발 유전의 비율을 현재의 15%에서 40%로 확대한다는 목표를 세웠다.[6]

여기서 자주개발 유전이란 산유국이 갖고 있는 채굴권을 손에 넣어 자국이 직접 개발할 수 있는 유전을 말한다. 아라비아 석유가 사우디아라비아에서 갖고 있는 채굴권이 그 대표적인 예다. 자주

---

[6] 한국의 석유와 가스 자주개발률은 2008년 현재 약 4.2%로 한국 정부는 2012년까지 이 비율을 18%로 끌어올린다는 계획을 세우고 있다.

개발 유전은 투자 리스크를 안고는 있지만 신규 개척이 늘어나면 석유의 안정 공급을 도모할 수 있다.

여러 선진국으로 눈을 돌려보면 미국과 영국은 자주개발 비율이 거의 100%다. 프랑스도 75%, 독일이 26%로 일본의 15%가 얼마나 낮은지 알 수 있다.

일본은 1970년대 석유위기 당시에 자주개발 유전이 필요하다는 분위기가 형성됐으나 그 뒤 원유 가격이 안정되면서 자주개발의 위험성을 피해 시장에서 석유를 조달했던 경험이 있다. 그러나 최근 고유가 상황이 빚어지자 다시금 자주개발에 착안한 것이다.

자주개발 유전 확보가 그대로 석유의 안정공급으로 연결된다고 기대할 수는 없다. 예를 들어 1990년에 발발한 걸프전 때에는 아라비아 석유의 조업이 강제로 정지됐다. 즉, 유전이 해외에 있는 이상, 언제든지 그 나라의 분쟁에 휘말릴 수 있다는 것이다. 일본이 소유한 유전에서 채굴한 석유지만 긴급한 상황이 벌어진 후에도 그 석유를 일본에 들여올 수 있다는 보장은 어디에도 없다. 게다가 자주개발 유전은 타국에도 원유를 판매한다. 그러니만큼 긴급 시에 다른 곳 판매를 취소하고 모두 일본으로 들여오기도 어려운 일이다. 게다가 일본이 유전 개발권을 노리고 있는 카자흐스탄이나 베네수엘라 등에서는 고유가를 배경으로 자원 민족주의가 고조되며 소유주의 권익을 축소하는 등 현재는 소유주의 권익 확보가 쉽지 않은 상황이다.

99% 수입에 의존하는 일본에도 유전은 있다

일본의 유전은 니가타 현과 아키타 현, 홋카이도 등에 존재한다. 단, 유전의 수가 극히 적은 데다 유전 자체의 규모가 작아 모두 합해도 연간 약 86만 킬로리터밖에 채취할 수 없다.

86만 킬로리터는 일본 국내 소비량의 하루치에 불과한 양이다. 때문에 남은 364일분의 원유는 수입에 의존할 수밖에 없는 것이 현실이다.

천연가스광업회의 통계에 의하면 원유 생산량 기준 국내 최고의 유전은 홋카이도의 유후쓰 유전으로, 23만7000킬로리터였다.

그러면 왜 일본에는 유전이 거의 없는 것일까.

일본의 유전 지대는 홋카이도를 제외하고 니가타 현, 아키타 현 등 동해쪽에 있다. 일본의 바다 밑에는 항상 신선한 물이 흐른다. 때문에 해저에 쌓인 생물의 사체가 쉬 분해된다. 그러니만큼 원유로 퇴적되기가 어려운 것이다. 니가타 현과 아키타 현의 동해 쪽에 약간의 유전이 있는 것은 어느 시기, 동해 지역에 해수의 흐름이 나빠져서 물의 드나듦이 적어지고 그 시대 생물의 사체가 퇴적됐기 때문이 아닐까 분석되고 있다.

신선한 바다로부터 많은 혜택을 받고 있는 일본이지만 석유에 관해서는 신선한 물이 항상 흐른다는 점이 오히려 석유의 혜택을 받지 못하게 하는 원인이라고 할 수 있다.

석유로 만드는 제품 중 가장 많은 것은

석유가 우리 주위 여러 물건의 원료라는 사실은 잘 알려져 있다. 그렇다면 가장 많이 사용 되는 석유제품은 무엇일까.

석유제품은 엄밀히는 석유화학 유도품이라고 하는데 그 대표적인 것이 플라스틱으로 일본에서 생산되는 석유화학 유도품의 약 60퍼센트를 점하고 있다. 주위를 둘러보아도 텔레비전, 컴퓨터 등의 전자제품에서 페트병, 슈퍼의 비닐봉지, 마루 바닥재 등 온갖 곳에 플라스틱이 사용되고 있다.

플라스틱은 폴리에틸렌, 폴리프로필렌, 폴리스틸렌, 염화비닐 등을 원료로 만드는데, 가볍고 단단한 데다가 가공 형성이 쉬워서 여러 용도로 사용한다. 원료에 열을 가해 틀에 넣으면 어떤 모양으로든 변형시킬 수 있는 데다, 목공 및 금속 제품에 비해서 가격도 싸다.

세계에서 최초로 만들어진 플라스틱은 19세기 중엽의 '셀룰로이드'라고 알려져 있다. 셀룰로이드는 요즘도 인형 및 영화 필름 제작 등에 쓰이며, 애니메이션의 '셀화'도 셀룰로이드에서 유래한 말이다.

그러나 셀룰로이드는 타기 쉽다는 단점이 있었다. 그래서 개발, 개량이 거듭돼 다양한 플라스틱이 만들어졌고 1960년대 이후 다양한 일용품에 사용되고 있다.

무겁고 깨지기 쉬운 유리병은 페트병으로, 파손되기 쉬운 종이 봉투는 폴리에틸렌으로 교체됐다. 『일본국세도회』(日本國勢圖會, 야노 쓰네다 기념회)의 통계에 의하면, 2004년도의 플라스틱 제품 중 30퍼센트를 필름 시트가 차지했다. 이는 주로 슈퍼의 비닐봉투 등에 쓰인다.

1970년대에는 금속을 대체하는 소재로 내열성이 뛰어난 엔지니어링 플라스틱이 개발돼, 자동차 부품 등 공업품의 세계에도 비약적으로 퍼지게 됐다. 여기에 더해 금속보다 강한 플라스틱도 등장해 항공기 부품 등에 사용되고 있다.

이렇듯 새로운 플라스틱이 자꾸 개발된다면 가까운 장래에 온갖 것들이 플라스틱 제품인 시대가 올지도 모른다.

● 석유로 만드는 제품들

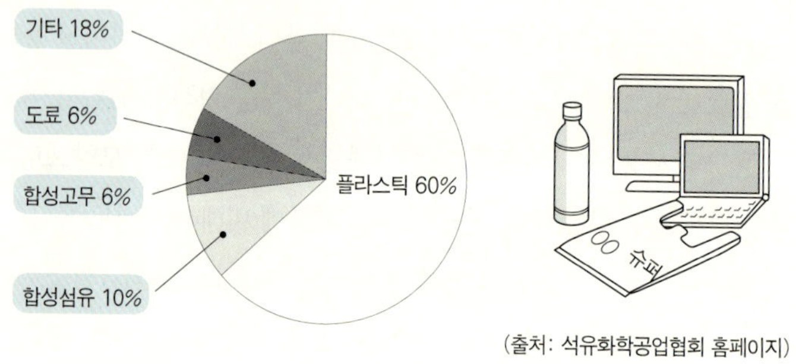

(출처: 석유화학공업협회 홈페이지)

액체인 석유로 어떻게 플라스틱을 만들까

우리 생활에 없어서는 안 되는 플라스틱은 어떻게 만들어질까.

우선 원유를 정제하면 등유와 경유 등의 석유제품이 나온다. 그중 하나가 나프타로 이것이 플라스틱의 주원료가 된다. 덧붙여 말하면 나프타를 정제해 가솔린을 만들기 때문에 나프타를 조제 가솔린이라고도 한다.

나프타를 가열, 분해해 얻은 에틸렌, 프로필렌, 벤젠 등의 저분자

화합물을 추려낸다. 이것들을 화학적으로 결합시키면 폴리에틸렌 및 폴리프로필렌 등이 만들어진다. 여기에 가공하기 쉽도록 해주는 첨가제를 더해 펠릿이라 불리는 알갱이 형태로 만든 것이 플라스틱의 원료다.

플라스틱처리촉진협회의 홈페이지를 보면, 2005년에는 2159만 킬로리터의 나프타가 제조돼 수입 나프타와 합쳐 4994만 킬로리터의 나프타가 석유제품의 원료가 됐다고 한다. 플라스틱은 일본에서 연간 사용되는 전 석유 소비량의 6%를 차지하고 있다.

플라스틱이 대량으로 사용된 것은 2차 세계대전 이후였다. 원래 플라스틱은 19세기에 개발됐고 일본에서는 석탄에서 분리해낸 액체로 플라스틱 제품을 만들었다. 그러나 정제 과정이 복잡하고 비용이 많이 들어 그 용도는 군수용품 등에 한정돼 있었다.

그러던 것이 전후에 석유가 양산되자, 석유를 원료로 한 플라스틱은 일약 인기 소재가 됐다. 석유는 플라스틱과 화학 구조가 비슷하고 가공도 비교적 간단해서 다양한 플라스틱 제품이 만들어졌다.

플라스틱은 가볍고 단단하며 내열성이 우수한 덕에 그때까지의 철이나 나무와 같은 천연 소재를 대신해 생활 속에서의 여러 용도로 사용되는 외에 새로운 플라스틱이 또 만들어져 최근에는 금속에 지지 않는 강도의 플라스틱도 개발됐다.

석유를 원료로 하는 합성섬유의 장점

석유제품의 개발은 우리 생활을 완전히 변화시켰다. 우리가 쓰는 일상품은 더 싸고 편리한 플라스틱으로 바뀌고 있는데, 의류도 그중 하나다.

의류의 소재는 크게 견, 면화, 양모와 같은 동식물의 털 등으로 만든 천연섬유와, 나일론, 아크릴, 폴리에스테르 등으로 만든 합성섬유로 나뉜다. 합성섬유는 원료 대부분이 석유로, 석유화학 유도품을 녹여 실 형태로 만든 것이다.

이제는 합성섬유의 생산량이 천연섬유를 제쳐, 석유화학공업협회에 의하면 섬유생산량의 80%가 합성섬유다.

동식물로부터 그대로 추출한 천연섬유는 기후에 좌우되거나 생산할 수 있는 지역이 한정돼 생산량도 유동적이라는 단점이 있었다. 가공이 번거로운 탓에 가격도 비싸다. 때문에 옛날 사람들에게 옷은 값비싼 물건이었다.

그에 비해 인공적으로 만들어진 합성섬유는, 공장에서 값싸게 대량생산할 수 있기 때문에 비교적 싸게 판매할 수 있다. 게다가 천연 소재와 혼합, 다채로운 성질을 만들어낼 수도 있다.

합성섬유의 장점 중 하나가 천연섬유의 1000분의 1 굵기의 섬유, 잘 타지 않는 가공 및 방충 효과를 가진 섬유 등 용도에 맞추어 새로운 섬유를 만들어낼 수 있다는 것이다.

이러한 편리성 및 가능성이 의류의 세계에 새로운 역사를 열었다.

지금은 누구나 친숙한 합성섬유지만, 처음 만들어진 것은 그리 오래된 일이 아니어서 지금으로부터 80년쯤 전인 1930년이다.

1930년, 미국 듀폰사에서 합성고무를 연구하던 캐로더스가 연구 중에 액체로부터 늘어나는 실을 발견했다. 그것이 싸고 비단처럼 질긴 실, 나일론이었던 것이다.

그때까지 의류의 원료라고 하면 견이나 면 등의 천연섬유가 일반적이었기 때문에 의류는 고가의 물건이었다. 그러나 캐로더스가 나일론을 발견, 제품화한 후 상황은 뒤바뀌었다. 1940년에는 스타 킹이 발매돼 눈 깜짝할 사이에 실크 양말을 대신했고 그 뒤, 질기고 잘 구겨지지 않는 폴리에스테르, 가볍고 따뜻한 아크릴 등 지금은 누구나 친숙해진 합성섬유가 차례로 개발돼 일상생활에는 없어서는 안 될 섬유가 됐다.

● 석유로 만드는 제품들의 장점

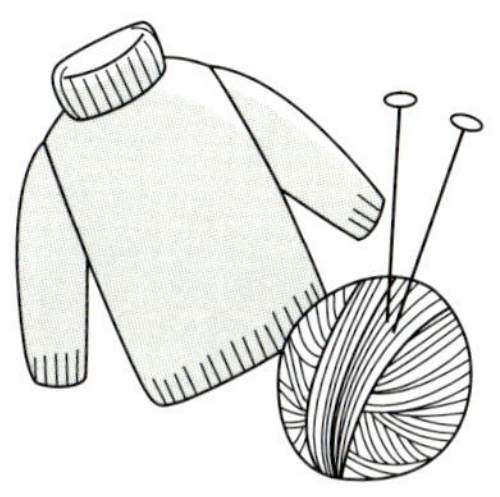

1) 값싼 가격

2) 천연 소재와 혼합 가능

3) 용도에 맞추어 만들 수 있음

석유를 둘러싼 열띤 세계정세

석유를 둘러싼 열띤 세계정세

원유 생산량 세계 1위는 어디일까

'석유는 중동'이라는 인식대로 사우디아라비아는 원유 생산량 세계 1위를 자랑한다. 2005년 하루 생산량은 103.5배럴로 세계 전체 생산량의 약 13.6%를 생산한다(출처: 외무성 에너지 기초 통계자료집).

사우디아라비아에서는 석유 수출에 따른 수익이 계속 증가해 2007년의 석유 수입은 1650억 달러(약 206조 원)에 달했다. 이러한 석유 수입은 매년 사우디아라비아 정부 재정 수입의 75% 전후를 점하는데, 사우디 정부는 기술을 한층 개선해 2009년에는 1일 생산능력을 1250만 배럴까지 늘릴 계획이다.

최근 들어 사우디아라비아를 위협하는 나라가 나타났다. 그것은 현재 세계 제2위 생산량을 자랑하는 러시아다. 러시아의 2005년 1일 생산량은 955만1000배럴로, 세계 생산량의 약 11.8%를 점하고 있다(출처: 외무성 에너지 기초 통계자료집). 소련 붕괴 이후 러시아 석유는 감산을 거듭해 한때는 한창 때의 절반으로까지 줄어든 적도 있었다. 이를 만회할 원동력이 된 것이 신기술 도입이었다.

　서구의 석유기술 서비스 회사와 러시아 기업 간 합병을 통해 석유 생산성을 높이기 위한 최첨단 기술을 도입했고 증산에 성공했던 것이다.

　다양한 선진기술을 도입함으로써 새로운 유전의 생산량이 증가할 뿐만 아니라 이미 채굴이 끝났다고 생각하던 유전에서도 원유를 채취해 기존 유전의 매장량도 증가하고 있다.

　사실 러시아는 2004년 전반기에 일시적으로 사우디아라비아를 제치고 하루 생산량이 세계 넘버원의 자리에 오른 적이 있었다. 같은 해 후반 사우디아라비아가 증산을 한 덕에 연간 전체 넘버원의 자리는 다시 탈환했으나 러시아가 그 뒤를 바짝 쫓고 있음은 확실하다. 그렇다면, 앞으로 두 나라의 싸움은 어찌 될까?

● 원유(NGL 포함) 생산량 상위 10개국

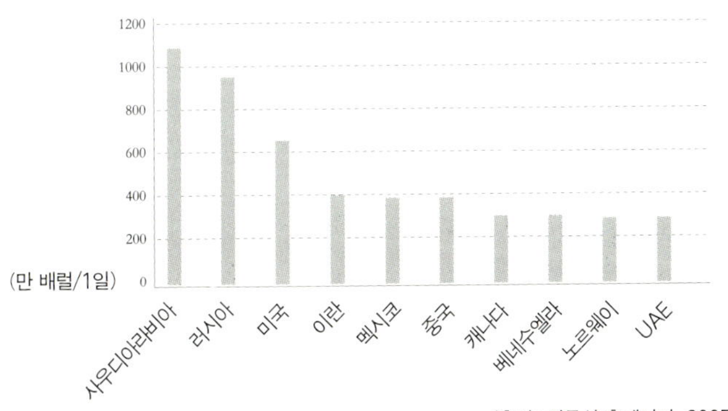

(출처: 외무성 홈페이지, 2005)

세계 제일의 석유 소비국은 어디일까

석유를 세계에서 가장 많이 쓰는 나라는 역시 미국이다. 2005년 하루 석유 소비량은 약 2065만 배럴. 2위인 중국의 소비량이 약 698만 배럴로 둘 사이에 차이가 크니 단독 1위라 할 수 있다. 세계 석유 소비량은 2003년 이후 큰 폭으로 증가하고 있는데, 그 중심에 있는 것이 미국과 중국이다.

그런데 미국은 왜 석유를 많이 쓸까?

미국의 석유 소비량이 증가한 이유에는 미국 경제가 호경기라는 것 외에 대형 승용차의 보급을 들 수 있다. 미국의 휘발유 소비는 전체 석유 소비의 절반 정도다. 최근에는 소형차도 증가하고 있으나 그래도 아직은 가솔린 소비가 많다.

한편 중국에서는 2003년 이후, 9%를 넘는 경제 성장이 계속됐고, 가격 통제 때문에 연료 가격이 국제 가격과 연동돼 있지 않은 점이 석유 소비량을 증가시킨 이유라고 본다. 또한 과거 중국의 주력 에너지는 석탄이었는데, 국내 도로가 정비돼 자동차가 증가해 휘발유 수요가 많아진 것도 석유 소비를 끌어올린 이유다.

석유 소비가 많다는 것은 수입량이 많다는 뜻이다. 미국은 원유 수입량 세계 1위이며, 2004년 수입량은 5억7659만2000톤. 이는 전 세계 수입량의 25.8%다. 중국도 자국에 유전이 있는 산유국이지만 수입량이 많아서 그 양은 1억2272만 톤으로 세계 제3위, 세계 수입량의 5.5%를 차지하고 있다.

허나 수입량으로는 일본이 중국을 웃돈다. 같은 2004년 일본의 수입량은 2억624만7000톤으로 세계 제2위, 세계 전체 수입량의 9.2%를 차지했다.[1]

일본은 석유 소비량도 많아서 미국, 중국에 이어 제3위다. 2005년의 하루 소비량은 약 536만 배럴. 2001년까지는 세계 제2위의 소비국이었으나 현재는 중국에 뒤져 세계 제3위다(출처: 외무성 에너지기초통계자료집).

미국과 중국의 석유 소비량은 계속 증가할 터여서 당분간은 두 나라가 1위와 2위에 있을 것이다.

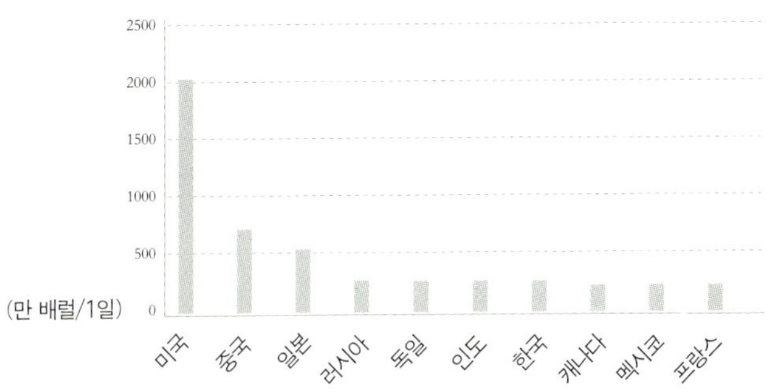

(출처 : 외무성 홈페이지, 2005)

일본은 어느 나라의 원유를 가장 많이 수입할까

'석유는 역시 중동'이라는 인식이 강하지만 이제는 멕시코나 노르웨이를 비롯해 여러 나라에서 석유를 채굴하고 수출한다. 또한 미국 지역도 주목받는 등 석유는 전 세계에서 채굴되고 있다.

---

❶ IEA에 따르면, 한국의 석유 수입량은 2005년 현재 세계 4위에 이른다.

일본은 미국에 이어 세계 제2위의 석유 수입국이다. 일본 외무성의 『에너지 기초 통계자료집』에 의하면 일본은 원유의 99%를 수입에 의존하는 데다가 그중 90%를 중동에서 수입한다. 사우디아라비아로부터 수입이 가장 많아 전체의 약 30%. 이어 2위가 UAE, 3위가 이란일 만큼 중동에 대한 의존도가 높다. 원유의 중동 의존도는 원래 높았지만 20~30년 전에는 지금 만큼 높지 않았다. 석유파동 후 수입처의 다양화를 도모한 일본 정부가 중국과 인도네시아에서도 석유를 수입해 중동에 대한 의존도를 70% 정도로 유지시켰기 때문이다.

그러나 1990년대에 들어 중국은 석유의 국내 수요 증가를 이유로 수출을 줄였고, 그에 비례해 일본 석유의 중동 의존도가 다시금 상승해 결국 총 수입량의 90%를 중동에 의존하게 된 것이다. 중동 이외에 인도네시아, 수단에서도 석유를 수입하지만 그 양은 미미해서 각각 3% 미만에 불과하다.

중동 석유에 대한 의존도가 높다는 것은 문제를 안고 있다. 무엇이든 한쪽에 편중되는 것은 위험한데, 중동은 정세가 불안정해 테러나 전쟁이 언제 발생해도 이상하지 않은 곳이라 언제든 석유 수입이 중단될 수 있는 상황이니 더 말해 무엇하겠는가.

그렇다면 의존도를 감소시켜야 할 것이나 그것 역시 그리 간단치 않은 것이 중동처럼 비교적 저가에 대량의 원유를 안정적으로 공급할 수 있는 곳을 찾기 어렵기 때문이다.

예측불가의 사태를 고려해 정부는 대체 에너지를 확대할 방침을 마련했다. 2006년에 경제산업성이 내놓은 '신 국가에너지 전략'에 의하면 현재 에너지의 50% 가까이를 차지하는 석유의 비율을 2030년까지는 40%를 밑도는 수준으로 할 예정이다. 이를 위해 바이오 연료의 개발 및 태양에너지, 원자력 등 다양한 대체 에너지의 실용화를 목표로 하고 있다. 이와 동시에 원유의 수입처 확대, 일본 기업에 의한 유전 개발도 기대되고 있다.

◉ 일본의 나라별 원유 수입량

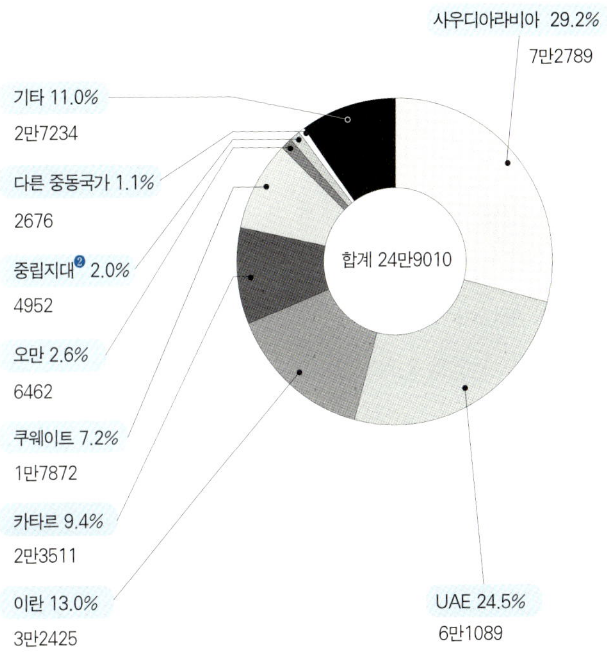

단위는 천*kl* (출처: 외무성 홈페이지, 2005)

❷ 사우디아라비아와 쿠웨이트 사이의 지대로 양국이 공유하고 있다.

중동에서 원유가 풍부하게 나는 이유

외무성의 에너지 기초 통계에 의하면 확인된 가채 매장량 중 61.9%가 중동 지역에 자리한다. 이렇게 넓은 세계에서 왜 중동에만 석유가 집중돼 있는 것일까?

와타나베 가쓰노리 편저 『실천 휘발유 등유 거래』(마일스톤즈 합자회사)에서 지구 물리학자인 이시이 요시노리는 다음과 같이 설명했다.

중동 원유의 시초는 2억 년 전의 테티스 해다. 당시의 지구는 이산화탄소의 농도가 현재의 10배나 돼 기온도 지금보다 10도나 높았다. 이를테면 이산화탄소가 많고 기온도 높아 광합성이 활발해진 식물이 번성했다. 테티스 해에서 자란 많은 식물과 해초 등의 유기물은 바다 밑에 퇴적됐다. 게다가 테티스 해는 적도 부근에 위치한 내해(內海)여서 석유 숙성에 알맞은 환경이었다. 내해인 테티스 해는 해수가 별로 흐르지 않고 새로운 해수와 교체되지도 않아 식물의 광합성으로 산소를 계속 빼앗긴 바닷속은 산소 결핍 상태가 돼 있었다. 그런 탓에 바다 밑에 퇴적된 유기물은 분해되지 않고 원유로 숙성됐던 것이다.

또한 원유 산지는 지질 구조와 관계가 깊다고도 한다. 세계 유전 및 가스 광산의 99% 이상이 퇴적 분지에 분포해 있기 때문이다. 유전이 되는 조건으로 다음과 같은 것들을 생각할 수 있다.

우선은 유기물이 풍부한 퇴적물이 필요하고 둘째는 원유가 고일 저류암이 있어야 한다. 땅 속에서 생성된 원유는 지각 변동에 따라 이동하므로 만일 원유의 통과를 막는 암석층이 없다면 사방으로 흩어져버린다.

또한, 원유 생성이 가장 활발했던 때는 전체의 56%를 차지하는 2억5000만~6500만 년 전의 중생대, 전체의 31%를 차지하는 6500만~160만 년 전의 신생대다.

즉, 중생대에 가장 많은 원유가 생성됐다. 중동 원유의 대부분이 중생대 지층에 있다는 사실에서도 중동 지역에는 중생대 지층이 널리 퍼져 있다는 것을 알 수 있다.

동시베리아~동해 파이프라인 경로가 변경된 이유

일본은 석유 수입량의 90% 가까이를 중동에 의존하고 있는데, 정부는 중동 이외의 지역에서 석유를 확보하고자 기를 쓴다. 그 일환으로 동시베리아와 동해를 잇는 파이프라인 건설을 러시아에 요청하고 있다.

2003년 1월 10일 모스크바를 방문한 고이즈미 당시 총리는, 푸틴 대통령과 회견을 갖고 양국의 협력을 강조한 '일-러 행동계획'을 발표했다.

이 계획에서 양국은 극동 및 시베리아의 파이프라인 정비와 석유, 천연가스 개발에 협력한다고 표명했다. 동시베리아와 동해를 잇는 파이프라인 건설은 러시아 측에서 맡아 검토를 계속하기로 했다. 그리고 동시베리아에서 태평양 연안의 나홋카까지, 총 연장 약 4200킬로미터의 파이프라인을 건설할 태평양 루트 계획을 세웠다.

이 계획은 일본에는 매우 이득이 큰 일이었다. 나홋카에서 탱커로 원유를 운송하면 일본은 간단하게 동시베리아의 원유를 수입할 수 있게 된다.

그 시점에 일본 정부는 파이프라인 건설 자금을 신청하는 등 자원 외교를 전개해 다칭(大慶)으로의 별도 루트를 희망한 중국과 격한 싸움을 전개했다. 그 결과, 중국 루트는 일본이 기대한 태평양 루트의 지선(支線)으로 건설하는 형태로 결정됐던 것이다.

그런데 최근 들어 이 루트에 변동이 생겼다. 러시아의 파이프라인 회사 트랜스네프트는 당초 바이칼 호 북쪽 연안 가까이로 지나가는 루트를 계획하고 있었다. 그러나 지금까지는 사고 및 테러 등으로 파이프가 파손된 경우에 심각한 환경 파괴가 일어날 염려가 있었다.

또한 당초의 루트에서는 일본으로 보낼 석유를 실을 항구는 블라디보스토크 남서부의 페레보즈나야 만으로 예정돼 있었다. 그러나 이곳은 멸종 위기의 아무르 표범이 서식하는 케드로바야 파드 자연보호구역에 인접해 파이프라인 건설이 자연환경에 영향을 줄 거라는 염려가 제기됐다.

그래서 새로운 루트는 바이칼 호수 북쪽의 산악지대를 약 400킬로미터 우회하고 동시에 선적항을 나홋카에 가까운 코지미노로 변경했다.

이러한 변경에 기반해 트랜스네프트의 계획은 동시베리아의 타이셰트로부터 중국 국경에 가까운 스코보로디노까지의 파이프라인과, 코지미노의 선적 시설을 2008년 말까지 완성하기로 했다.

그러나 일본이 운송 루트로 사용할 예정인 스코보로디노 동쪽의 파이프라인은 2008년 6월 현재 착공할 기미도 보이지 않는다. 일본 측보다도 중국 측 루트가 우선시 되고 있는 것이 현재 상황이어서 스코보로디노와 다칭을 잇는 중국 지선이 우선 가동될 가능성이 높다.

러시아가 중국을 우선시하는 이유 중 하나는 동시베리아 유전의 생산량이 일본에 공급할 정도로 많지 않기 때문인 것으로 추측된다.

원유가 동시베리아에서 파이프라인을 타고 일본에 닿는 것은 대체 언제쯤일까.

● 일본의 동 시베리아 석유 파이프라인 계획

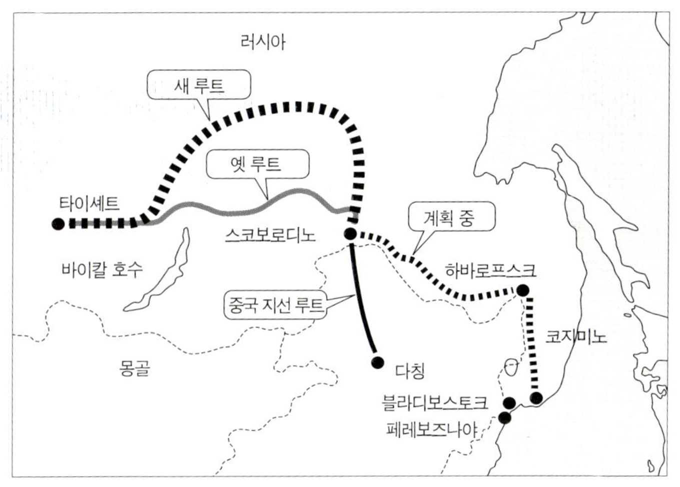

일본과 중국이 열띤 싸움을 벌이고 있는 해역

우호관계인 일본과 중국 사이에는 몇 가지 문제가 있다. 그중 큰 문제가 센가쿠 제도의 영유권이다.

동중국해에 떠 있는 센가쿠 제도는 오키나와 현 야에야마 제도 북방 약 170킬로미터에 위치한 5개의 섬과 3개의 암초로 이루어져 있다. 총면적은 약 6.3제곱킬로미터로 과거에는 우오쓰리지마에 가다랑어포 공장이 있었으나 현재는 무인도다.

이 섬이 주목받게 된 것은 1960년 후반. 주변 해역에 풍부한 가스 유전이 있다는 사실이 밝혀지면서다.

이 해역은 태평양전쟁 종결 후 미국의 관리 하에 있었으나 1972년에 오키나와와 함께 일본에 반환됐다. 그러나 중국도 영유권을 주장하고 있어서 이를 둘러싸고 양국간에 싸움이 계속되고 있다.

일본은 국제해양법 조약에 근거해 이 지역이 일본의 배타적 경제수역에 있으며 일본 연안으로부터 200해리 안에 있어 일본에 개발 권리가 있다고 주장한다. 이에 대해 중국은 유엔에서 정한 조약에 근거해, 대륙붕을 연장한 최대 350해리까지는 자국의 권리가 미친다고 주장한다. 중국 측 주장에 따르면 일본이 주장하는 영해선보다 훨씬 더 일본 쪽 해역 가까이까지 중국의 권리가 닿게 된다.

이미 중국은 일본 측의 반대를 무시하고 이 지역에서 개발에 착수했다. 일본이 주장하는 중간선으로부터 불과 2킬로미터 지점에 춘샤오 가스 유전(일본 측의 호칭은 시라카바 가스 유전)을 건설해, 이미 생산 체제를 갖춘 듯하다.

이 가스 유전은 중간선을 넘어 있기 때문에 그대로 생산에 들어가면 일본 측에 매장된 자원을 가져가버릴 가능성도 있다.

이러한 중국의 움직임에 일본은 맹렬히 반발해 정부개발원조(ODA)를 재검토하는 등 중국을 견제하고 있다. 그러나 중국과의 관계는 너무 민감해 대응에 따라서는 양국 관계가 악화되기 쉬운 탓에 강경한 조치를 취할 수 없는 실정이다.

한편 중국도 일본과 대립하는 것은 난감하다고 여기는 듯, 2006년에 새로운 가스 유전의 공동 개발을 일본 측에 제안했다. 그러나 그 계획에는 센가쿠 제도의 중간선에 걸쳐 있는 자원은 포함하지 않았다. 반대로 일본이 중간선에 걸친 자원의 공동개발을 제의하자 이에 반발한 중국은 군대까지 동원하고 있다.

중국이 이렇게까지 강경한 자세를 취하는 배경에는 국제 에너지 문제가 있다. 중국은 경제 발전과 함께 석유의 수요가 늘어나, 자국에서 생산되는 석유만으로는 부족하게 됐다. 차후에도 발전이 계속되면 외국에서 수입해 오는 석유는 계속 늘어날 것으로 예상된다. 그런 가운데 센가쿠 제도의 천연자원은 큰 매력이며 몹시도 탐나는 것이다. 때문에 강한 어조로 영유권을 주장하고 있다고 생각된다.

해결을 위한 움직임이 없는 것은 아니지만 현재로서는 실마리가 보이지 않는다.

● 센가쿠 제도를 둘러싼 일본과 중국의 주장

북극해에 잠들어 있는 석유 자원을 노린 5개국의 영유권 다툼

남극에는 남극 대륙이 있지만 북극에는 대륙 대신 북극점을 중심으로 광대한 바다가 펼쳐져 있다. 이것이 북극해다. 이 북극해를 둘러싸고 현재 뜨거운 싸움이 전개되고 있다.

2007년 8월, 러시아 잠수함이 북극점에 도착해 바다 밑에 국기를 꽂았다. 이를 본 캐나다는 북극권에 군사 시설을 신설할 방침을 세웠다. 양국은 북극해를 둘러싸고 자국의 권익을 확보하고자 격렬한 싸움을 펼치고 있다.

대체 왜 그런 일이 일어난 것일까? 얼핏 보면 아무 것도 없는 것 같은 북극해지만 실은 그 바다 밑에 석유, 천연가스 등 막대한 자원이 잠들어 있기 때문이다.

이는 전 세계에서 발견되지 않은 양의 1/4에 해당하며, 모두 석유로 환산하면 1000억 톤은 된다는 추측이다. 이 자원의 개발권을 확보하려고 러시아와 캐나다가 격렬하게 싸우는 것이다.

러시아와 캐나다만 그런 것이 아니다. 이들을 포함해 북극해 연안의 국가들, 미국, 덴마크, 노르웨이가 온갖 수단을 동원해 영유권을 주장하고 있다.

미국은 북서항로의 자유통항권을 주장하고, 덴마크와 스웨덴은 합동 조사대를 북극해에 파견했다. 이도 저도 해저에 잠든 막대한 자원을 노린 행동이다.

상공에서 북극을 보면 연안 5개국이 북극해를 둘러싸고 있다. 각 나라는 육지로부터 200해리까지의 바다에 대해서는 국제 해양법에 의해 자원의 영유를 인정받는다. 문제가 되는 것은 그 너머

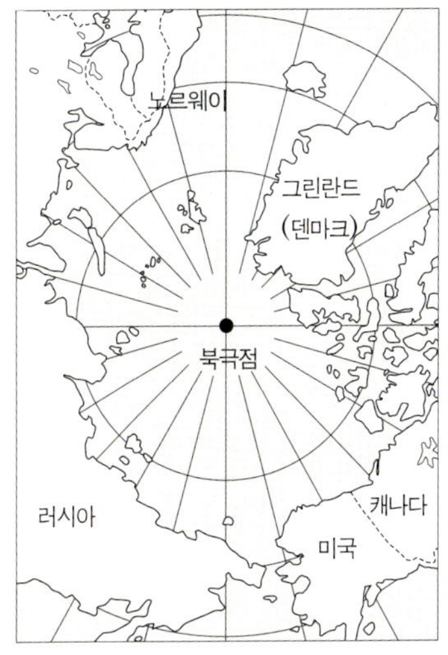

어느 나라에도 속하지 않은 해역이다.

국제해양법은 대륙붕이 육지로부터 연결돼 계속되는 부분에 대해서는 200해리를 연장해 영유권을 주장할 수 있다고 본다. 이를 바탕으로 러시아는 해저산맥이 시베리아 대륙으로부터 북극점까지 이어져 있으므로 북극해 대부분이 자기들 것이라고 주장한다.

한편 덴마크는 러시아가 시베리아 대륙과 연결돼 있다고 주장하는 해저산맥이 사실은 자국 영토인 그린란드와 이어진 것이라며 러시아와 대립하고 있다.

이렇듯 각국이 자신들에게 유리한 주장으로 맞붙어 해결의 실마리를 찾기가 어려운 상태다.

과거 남극에서도 비슷한 영유권 분쟁이 일어났다. 그러나 남극은 1959년 남극 조약에 의해 과학 관측 이외의 경제 활동은 금지

키로 약속, 영토 문제는 보류됐다. 이에 반해 북극에 대해서는 현 시점에서 이렇다 할 해결책 없이 다툼이 격화되고 있을 뿐이다.

또한 기술의 진보도 이 다툼을 부추기고 있다. 전에는 얕은 해저가 아니면 자원 채굴이 곤란했으나, 최근에는 기술의 진보에 따라 꽤 깊은 해저에서도 개발이 가능해졌다. 유전에 얼음이 들어가지 않게 해야 하는 등 아직은 기술적인 난관이 남아 있으나 그렇다 할지라도 유가 상승 등을 생각하면 채산성이 충분하다고 각국은 판단하고 있다.

과연 어떤 해결이 가능할까. 직접 당사자가 아니라 해도, 중요한 석유에 관한 일이니 남의 이야기는 아니지 않을까?

카스피 해가 '바다'일까 '호수'일까로 주변국이 싸우는 이유

중앙아시아에 자리해 러시아, 아제르바이잔, 이란, 투르크메니스탄, 카자흐스탄과 인접한 카스피 해는 세계 최대의 호수라고 일컬어지는 염호다. 이 카스피 해가 '바다'인지 '호수'인지를 두고 주변국들이 논쟁 중이다.

카스피 해에는 석유 및 천연가스 등의 천연자원이 풍부하게 매장돼 있다. 이를 둘러싸고 오래 전부터 싸움이 끊이질 않는다.

예전에는 구 소련과 이란 두 나라의 이해가 대립했으나 1991년 소비에트 연방이 붕괴하면서 사태는 더욱 복잡해졌다. 새로이 탄생한 카자흐스탄, 투르크메니스탄, 아제르바이잔 등의 독립국과 러시아, 이란이 이권 다툼에 나선 것이다. 게다가 신흥 독립국가들

● 카스피 해와 주변국

에는 독자적으로 자원을 개발할 힘이 없는 탓에 미국 및 유럽의 나라들이 가세, 국제 문제로 커졌다.

그런데 '바다'인지 '호수'인지는 왜 문제가 되는 것일까?

여기에는 국제법이 얽혀 있다. 만일에 카스피 해를 '바다'라고 인정한다면 국제해양법 조약에 의거, 연안으로부터 200해리(약 370킬로미터)까지를 배타적 경제수역으로 설정할 수 있다. 만일 상대국가의 연안까지가 가까워서 200해리를 취할 수 없는 경우에는 양 연안에서 중간점을 경계로 한다. 그 영내의 지하자원은 연안국이 우선적으로 점유하는 것이다.

이런 심산이 서자 러시아, 카자흐스탄, 아제르바이잔은 카스피 해는 바다라며 해저는 연안으로부터 중간선까지 분할 영유하고 지하자원도 나누어야 한다고 주장한다.

그런데 배타적 경제 수역을 이렇게 설정하면 연안선이 많지 않은 이란은 불리해진다. 그래서 이란은 카스피 해는 '호수'라며 면적의 20%씩을 연안국들에 균등하게 분할해야 한다고 주장한다.

이렇듯 '바다'인가 '호수'인가 하는 것은 천연자원의 영유라는 커다란 문제에 직결돼 있다. 이 문제를 둘러싸고 2002년 9월에는 러시아와 카자흐스탄, 카자흐스탄과 아제르바이잔이 각각 두 나라 사이 중간선에서 분할하기로 합의했다. 실은 그때까지 러시아는 이란과 공동보조를 취할 거라는 예측이 있었다. 그러나 러시아가 카자흐스탄과 협력하자 이란이 고립됐고 이런 상황이 되자 이란도 합의할 의사가 있는 것 같지만 현재 시점에는 불확실한 요소가 많아 추후 어떻게 될지 알 수 없다.

세계 제2의 석유 소비국으로 도약한
중국의 문제점

중국의 경제 발전이 괄목할 만하다. 특히 철강, 시멘트, 알루미늄 등 에너지를 다량으로 소비하는 사업이 급속하게 성장하고 있다. 이와 더불어 석유 소비량도 급격히 늘어나고 있다는 점은 앞에서 서술한 대로다. 당초에는 국내에서 산출되는 석유로 충분했으나, 1993년에는 석유 순수입국이 됐고 2003년에는 일본을 제치고 세계 제2위의 석유 소비국이 됐다. 중국의 통계에 따르면 2006년의 석유 소비량은 3억4876만 톤이었다.

한편 순수입국이 됐다고는 하나 중국에서는 여전히 다량의 석유가 산출되고 있어 세계 제6위의 산유국이기도 하다. 전체 생산량의 약 40%를 생산하는 동북 지방의 다칭 유전을 비롯해 산둥 성의 셩리 유전, 신장위구르 자치구의 타림 분지, 보하이 만, 남중국해 등에서 석유를 생산하며, 하루 생산량은 이란의 원유 생산량과 큰 차이가 없어 일본의 석유 소비량의 2/3에 해당한다.

그러나 문제는 경제성장의 속도가 너무 빠르다는 점이다. 9%대의 성장을 계속해온 중국에서는 GDP 대비 석유 소비 비율이 일본의 4배, 미국의 2배가 돼 지금 이대로의 상태로 계속 성장하면 2020년에는 연간 5억 톤의 소비가 예상되고 수입 의존율은 60%나 될 것으로 내다보고 있다.

석유 소비량 증대에는 자동자의 증가도 큰 영향을 미치고 있다. 요즘에는 베이징이나 상하이 등지에 자가용을 가진 사람이 많아 새로 건설된 고속도로와 시내 도로 등은 자동차로 꽉 찬다. 통계에 따르면 1990년부터 10년 사이에 중국의 자동차 수는 3배 이상이 됐다. 앞으로도 경제 성장이 계속되면 자동차는 더욱 더 증가할 것이 틀림없다. 세계의 자동차 회사들은 하이브리드차 등의 개발에 심혈을 기울이고 있으나 본격적인 보급은 아직 먼 이야기여서 자동차의 증가는 그대로 석유 소비량의 증가로 이어지게 된다.

또한 중국에서는 전력 부족도 심각하다. 중국의 전력은 석탄 화력이 중심인데, 석탄 생산과 운송 문제가 발목을 잡아 수력 발전이나 원자력 발전에 의존하는 수밖에 없는 상황이다. 이런 것도 중국의 에너지 문제가 심각해지는 이유가 된다.

현재 중국의 석유 수입선은 일본처럼 중동에 편중돼 있지 않고, 인도네시아와 서아프리카 등 전 세계를 대상으로 한다. 지금은 균형 잡힌 수입을 하고 있으나 앞으로 중동 석유를 둘러싸고 쟁탈전을 벌일 가능성은 있다.

석유 사냥에 나선 중국과 각국의 마찰

세계 제2위의 석유 소비국이 된 중국 경제는 규모가 급격히 커져 국내에서 산출되는 석유만으로는 충분치가 않다. 이대로라면 석유가 부족해질 날도 그리 멀지 않았다고 생각한 중국 정부는 천연자원을 찾아서 세계 곳곳에 진출했다. 그 결과 40개국 가까운 곳에 진출해 각지에서 다양한 마찰을 일으키고 있다. 예를 들어 이미 서술한 바와 같이 석유와 천연가스 자원이 있을 것이라 생각되는 센가쿠 제도 부근의 동중국해에서는 영유권을 둘러싸고 일본과 격렬하게 대립하고 있다.

또한 1990년대 들어서는 남중국해에 있는 난사 제도와 시사 제도 주변을 둘러싸고 베트남, 필리핀, 말레이시아 등과 영유권 다툼을 벌이고 있다. 이 지역에는 석유와 천연자원이 풍부하게 매장돼 있다.

중국은 이 지역을 두고 처음에는 베트남과 분쟁을 벌였으나, 1995년에 필리핀의 팔라완 섬 서쪽에 위치한 미스치프 환초에 군사 시설을 건설하려다가 필리핀과 충돌을 일으켰고 그 뒤로 실력 행사를 꺼리지 않는 강경함으로 각국과 마찰을 일으키고 있다.

또한 남미의 에콰도르에서는 중국의 석유회사가 개발하는 석유 시설에서 수질 오염과 고용 문제를 둘러싸고 현지 주민들과 다툼이 일어나는 등 진출 지역 주민들과도 자주 트러블을 빚고 있다.

그런 와중이던 2005년에 중국 기업이 미국의 석유회사 유노칼을 매수하려다가 미국 의회의 반대로 무산되는 일이 있었다. 유노칼 매입을 위해 유리한 조건을 제시하고도 미 의회를 휩쓴 반대론에 밀려 실패한 중국은 이를 계기로 노선을 유연한 쪽으로 전환해 비판을 잠재우려고 노력중이라는 분석도 있다.

또한 해외 각지에서 빚는 마찰을 피하는 방편으로 풍력, 태양광, 바이오 연료 등 재생 가능한 에너지의 활용에 힘을 기울이기 시작했다. 중국 국내에서 생산되는 옥수수와 사탕수수 등을 사용한 바이오 연료를 도입하고 실크로드로 유명한 둔황 교외에 풍력과 태양광을 병용하는 발전 시설을 건설하는 등 신 에너지로 바꾸려고 노력하고 있다.

또한 중국은 에너지 절약에도 힘을 기울이고 있다. 에너지 절약 선진국들에 담당자를 파견해 그 시찰 결과를 중국 국내 시스템에 반영하거나 일본과 중국의 최고 기업에서 약 1000명을 초대해 에너지 절약 포럼을 개최하는 등 에너지 절약을 위해 다양한 형태의 연구를 하고 정책을 펴고 있다.

지금은 효과가 나타나지 않아도 이러한 노력이 계속되면 중국이 일으키는 석유를 둘러싼 분쟁이 조금은 감소할지도 모른다.

석유가 많이 나지 않는 두바이가
공전의 호경기를 누리는 이유

페르시아 만 연안의 산유국을 중심으로, 중동의 나라들은 호경기로 들끓고 있다.

그중에서도 아랍에미리트연합국(UAE) 제2의 도시 두바이에는 세계에서 가장 높은 빌딩 '버즈 두바이'를 건설 중인 것을 비롯해, 아파트 및 호텔 등 고층 빌딩 건설이 뒤를 잇고 야자나무를 본뜬 거대한 인공섬과 4500미터의 활주로 6개를 갖춘 세계 최대 규모의 신공항을 건설 중이다. 이렇듯 두바이에는 '전 세계 건설용 크레인의 20%가 모여 있다'고 할 정도로 건설 작업이 한창이다.

이러한 대규모 개발의 배경에는 고유가가 자리하고 있다. 중동 각국의 최대 생산품인 원유 가격이 이렇게 오르니 경기가 좋아지는 것은 당연한 일, 말 그대로 오일머니 만세다.

그러나 유심히 들여다보면 이해가 잘 안 가는 부분도 있다. 석유 생산지뿐만 아니라 석유가 그다지 생산되지 않는 지역에서도 오일머니의 윤택함을 볼 수 있는 것이다. 어찌된 일일까?

일례로 두바이는 원유 생산량도 매장량도 적은 도시다. UAE 원유는 대부분 두바이가 아니라 아부다비에서 생산한다. 따라서 두바이 경제는 1970년대 이후부터 석유에 기대지 않고 운용돼왔다. 외국에서 자금을 모아 기반설비를 정비하고 법인세를 일절 부과하지 않아 100% 외자 기업의 설립을 인가한 경제 특구를 몇 군데나 설치했다. 이에 응해 일본계 기업을 위시한 6000개의 기업이 두바이로 진출했다. 또한 사막 국가에서는 보기 드문 인공 스키장 등의 리조트 시설을 건설한 것도 전 세계에서 기업과 관광객들이 모여드는 요인이 됐다.

이러한 과정을 거쳐 중동의 관광, 금융의 중심이 된 두바이에는 세계 곳곳에서 자금이 모여들었다. 물론 주변국의 오일머니도 대거 유입됐다.

그런 이유로 고유가의 직접적인 혜택을 받지 않아도 주변 산유국의 오일머니를 비롯, 전 세계에서 모여든 자금을 금융 상품에 투자하거나 인프라 정비에 활용함으로써 두바이 경제는 계속 성장하고 있다. 이런 이유로 오일머니가 세계 경제를 석권하고 있다고 말하고 이를 상징하는 것이 두바이의 호경기다.

생산량이 국가 기밀인 세계 최대의 유전

유전은 규모가 큰 것부터 작은 것까지 다양하다. 그중 사우디아라비아에 있는 가왈 유전은 현재까지 발견된 것 중에서 세계 최대의 유전이다.

이 유전은 남북 280킬로미터, 동서 50킬로미터로 면적이 광대하다. 너무나도 거대해 처음 시굴할 때 사람들은 이곳에 유전이 여러 개 있다고 생각했다. 그러나 시간이 경과하면서 하나의 대유전임이 밝혀졌다.

1948년에 발견돼 1951년에 생산을 시작한 가왈 유전이지만 그 생산량은 약 20년 동안 국가 기밀이다.

지금도 정확한 수치는 모르는 채 대략의 수치만 가까스로 밝혀져 있다. 이에 따르면 생산 개시 이래 이곳에서는 1일 평균 500만 배럴이나 되는 석유를 생산했다. 이는 사우디아라비아 생산량의 약 절반에 해당하는 양이다. 지금도 이와 비슷한 양이 생산되는 것으로 보인다. 덧붙여 말하면 1일 500만 배럴 이상을 생산하는 나라는 사우디아라비아 이외에는 러시아와 미국밖에 없다.

생산 개시부터 지금까지 가왈 유전에서 생산된 석유를 계산하면 550억 배럴이나 된다. 그 대부분은 아인다르와 쉐드굼, 북 우스마니야 등의 유전에서 생산됐다. 이미 확인된 매장량의 절반 이상을 퍼냈으나 여전히 660억 배럴 정도의 가채 매장량이 있다는 분석이다.

그러나 유전의 고령화는 계속돼 주요 유전의 매장량도 줄고 있다. 원유의 분출 압력을 유지하기 위해서 대량의 해수가 주입되고 있으나 앞으로도 종래와 같은 생산량을 유지할 수 있을지는 불투명하다.

참고로 가왈 유전에 이어 생산량 세계 제2위인 유전은 쿠웨이트의 부르간 유전이다. 매장량은 약 590억 배럴이며 1일 생산 능력은 약 160만 배럴이다.

이 두 곳의 유전을 보아 알 수 있듯이 세계 각국의 유전 매장량을 보면 중동이 압도적으로 많다. 세계의 거대한 유전 베스트 10을 봐도 베네수엘라, 멕시코 등 남미 유전이 겨우 보일 뿐, 나머지는 모두 중동 유전이다.

'IEA'는 무슨 일을 하는 기관인가

에너지에 관한 뉴스에서 자주 듣는 것이 'IEA'라는 명칭이다. 정식 명칭은 'International Energy Agency(국제 에너지 기구)'라 해 세계 주요 석유 소비국으로 구성된 조직이다.

석유를 중심으로 하는 에너지의 안전을 보장하고 중장기적으로 에너지의 안정적 수급 구조 확립을 목적으로 하며, 석유 위기가 발생했을 시에 회원국의 수요 억제 및 융통, 장기 에너지 계획 등을 담당하고 있다.

IEA는 산유국으로 구성된 OPEC이 시장 지배력을 높여가는 가운데, OPEC에 대항해 석유 소비국도 결속을 다지고자 1974년에 미국, 영국, 서독, 이탈리아, 일본 등을 중심으로 OECD(경제협력개발기구)의 내부 조직으로 설립됐다. 본부는 파리에 있으며 최고 결정기관은 이사회다. 또한 긴급 금융, 석유 시장, 장기 협력, 에너지 연구 개발의 상설 위원회 4개와 사무국이 하부 조직으로 존재한다.

2007년 현재 가맹국은 오스트레일리아, 오스트리아, 벨기에, 캐나다, 체코, 덴마크, 핀란드, 프랑스, 독일, 그리스, 헝가리, 아일랜드, 이탈리아, 일본, 룩셈부르크, 네덜란드, 뉴질랜드, 노르웨이, 포르투갈, 스페인, 스웨덴, 스위스, 터키, 영국, 미국, 한국의 26개국이다.[3]

IEA는 석유 공급이 끊어졌을 때의 비축유 방출을 비롯한 에너지 안정 공급을 위해 노력하고 있다. 1990년에 걸프 전쟁, 2003년에 이라크 전쟁이 발발하자 석유 시장에 혼란이 일어나는 것을 막기 위해 비축유를 방출했다. IEA는 가맹국들에 긴급 시에 대비해 석유 순수입량 90일분 이상을 비축하라고 권고한다.

그 외에도 IEA는 석유 대체 에너지 개발, 석유시장 분석, 장기 에너지 정책의 조정, 긴급 시 융통, 소비 규제 등을 통해 석유 위기에 대응하는 힘을 강화하려고 애쓴다.

평소에는 별 의미가 없는 조직이지만 대부분의 석유를 수입에 의존하는 국가들로서는 석유 공급이 끊어질 경우를 생각해 IEA와 돈독한 협조관계를 유지해야 한다.

---

[3] 2009년 현재 정식 가맹국은 슬로바키아와 폴란드를 포함한 28개국이다.

유전 개발에서부터 석유 정제까지

유전 개발에서 석유 정제까지

석유는 어떻게 생기나

석유제품의 원료가 되는 석유는 어떻게 만들어지는 것일까. 이에 대해 다양한 설이 있는데 과학적인 해답은 나와 있지 않으나 대체로 두 가지로 정리할 수 있다.

현재 주류라 할 수 있는 것은 석유가 수억 년 전 생물의 사체로부터 만들어진다는 '유기(有機)기원설'이다. 유기기원설 중에서도 특히 유력한 것이 '케로젠 기원설'이다. 그 내용은 다음과 같다.

수억 년 전에 살았던 생물체의 사체가 바다 밑이나 호수 밑에 퇴적된다. 그 때 암석에 포함된 유기물이 화합돼 케로젠(이암)이라 불리는 물질로 변화한다. 케로젠은 긴 세월을 보내며 지열과 지압에 숙성돼 석유로 변화한다.

숙성된 석유는 지하의 압력에 밀려 위로 올라오다가 땅 속의 암석층(모암)에 가로막힌다. 암석층은 기름을 통과시키지 않아 지나갈 수 없기 때문이다. 그래서 석유는 암석층의 틈새에 저류, 즉 고이게 된다.

그런데 최근 유기기원설로는 설명이 되지 않는 유·가스전이 각지에서 발견됐다. 그래서 별안간 '무기기원설'이 주목받게 됐다.

'무기기원설'이란 1870년대 러시아 화학자 멘델레프가 주창한 것으로 지구 내부의 탄화수소 등이 지각 틈새로 흘러나와 고여 유·가스전이 된다는 설이다. 유기기원설을 뒷받침하는 증거로 퇴적 분지에 유전이 많다는 사실이 언급되곤 하는데, 무기기원설에 따르면 이는 생물의 사체가 퇴적돼 있기 때문이 아니라 퇴적 분지의 기반을 이루는 암석이 단열되기 쉽고, 그래서 땅 속의 탄화수소가 쉽게 흘러나오기 때문이라는 것이다.

앞서 말한 유기기원설에서는 석유를 유한하다고 보기 때문에 언젠가는 고갈될 것이라 생각한다. 그런데 무기기원설이 진실이라면 지구 내부에는 막대한 탄화수소가 있을 터여서 에너지 자원이 고갈될까봐 염려할 필요가 없다는 말이 된다.

● 케로젠 기원설

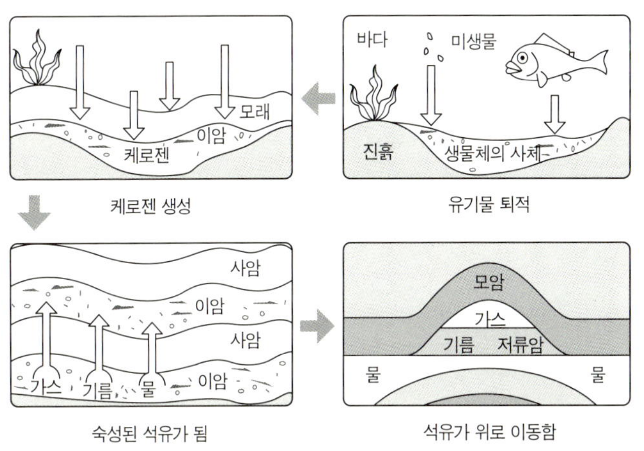

케로젠 생성 유기물 퇴적

숙성된 석유가 됨 석유가 위로 이동함

원유는 지하 깊은 곳에 어떤 상태로 고여 있을까

유전이라 하면 검은 액체가 기세 좋게 땅 위로 솟구치는 장면을 떠올리는 사람이 많을 것이다. 그 때문인지 원유는 지하 깊은 곳의 빈 공간에 액체 상태로 고여 있어 그 곳을 제대로 파면 앞서 말한 것처럼 땅 위로 분출한다고 생각하는 사람도 많은 것 같다.

그렇지만 실상은 그렇지 않다. 유전은 저수지처럼 고여 있는 것이 아니다. 원유는 대부분의 경우 퇴적분지의 깊이 2000~3000미터 되는 지층에 있다. 틈이 많고 침투성이 높은 암석을 ‘저류암’이라고 하는데, 원유는 그 틈에 물과 함께 고여 있는 것이다. 마치 스펀지가 물을 흡수한 것과 같은 상태로, 전 세계에 산재한 유전을 보면 입자 사이에 틈이 있는 역암과 사암, 원래 구멍이 많은 탄산염암 등이 큰 유전의 저류암 구실을 하는 경우가 많다. 또한 처음부터 균열이 있는 화산암도 틈새가 많고 침투성도 높아 저류암이 되기도 한다. 화산 국가인 일본에서는 저류암의 70% 이상이 화산쇄설암이나 화산암이다.

당연한 말이지만 저류암에 틈이 많으면 많을수록 원유가 많이 고인다. 그렇게 고인 기름을 원유라고 하며 원유가 고인 지층을 유전이라고 하는 것이다.

유전은 어떤 방법으로 찾아낼까

유전을 파서 찾아낼 확률은 ‘1000분의 3’이라고 할 정도니 석유 탐광은 터무니없는 도박이라고 할 수 있다. 실제로 과거에는 유전이 있을 만한 곳을 손닿는 대로 마구 파기도 했다. 요즘은 컴퓨터를 사용한 과학적 사전 조사에 따라 어느 정도까지는 후보지를 골라낼 수 있다.

우선 유전이 있을 것 같은 시굴 후보지를 인공위성이나 항공기 등에서 얻은 관측 데이터를 기초로 산출해낸다. 그런 다음 후보지가 발견되면 지진탐사 방법에 따라 한층 더 자세히 지하 구조를 알아본다. 지진탐사란 지표에 인공적인 지진을 일으켜 이로 인해 발생하는 진동파가 어떻게 반사되는지에 따라 지질을 알아보는 방법이다.

이때의 인공적인 지진은 육지에서라면 폭약이나 기계적 진동을, 바다 속이라면 압축 공기를 사용한다. 물론 피해가 생기지 않을 정도로 극히 소규모의 지진이다. 지하 구조를 자세히 아는 것은 유전을 찾을 때 무엇보다도 중요한 요소다. 왜냐하면 원유가 스며들어 있는 암석층은 특징이 있는 곳, 예를 들어 단층작용으로 지층이 어긋난 곳 근처에 있는 경우가 많기 때문이다.

이렇게 지진 탐사를 포함한 지표 및 지질 조사 등 여러 가지 데이터를 분석해 유전이 있을 것이라는 확신이 서면 시굴에 들어간다.

원유는 암석의 틈새에 저류돼 있기 때문에 어딘가에 유전이 있어도 그게 진짜로 퍼 올릴 수 있는 것인지 아닌지는 파보지 않으면 알 수 없다.

실제로 이 정도로 주도면밀히 준비해 유전을 찾아내도 그 유전이 상업적으로 돈을 벌 수 있는 요소를 충분히 갖추었거나, 실제로 쓸 수 있을 확률은 2~3%에 지나지 않는다. 기술이 고도로 발달한 요즘도 사업성이 있는 유전을 발견하는 것은 꽤나 힘든 일이다.

수천 미터 지하에서 어떻게 원유를 채굴할까

지하 수천 미터 암석 속에 고여 있는 원유를 도대체 어떻게 퍼 올릴까?

사실은 파기만 하면 원유는 저절로 지상으로 뿜어 올라온다.

채굴할 때에는 우선 끝부분에 다이아몬드를 부착한 회전식 드릴로 저류암에 고인 기름층까지 파 들어간다. 지하 깊은 곳에 압축된 상태로 고여 있던 원유는 기름층에 구멍이 뚫리면 압력이 지하의 수백분의 일밖에 안 되는 지표를 향해 솟구쳐 오른다. 원유가 분수처럼 기세 좋게 지상으로 솟구치는, 흔히 떠올리는 그 광경이다. 이를 자분채유라고 하며, 자분채유로 원유를 퍼올리는 것을 '1차 회수'[1]라고 한다.

원유가 지상으로 뿜어나오면 매장돼 있던 원유가 줄어드는 것과 동시에 땅 속의 가스도 지상으로 뿜어져 나오기 때문에 기름층의 압력이 줄어들어 오래지 않아 원유의 분출은 멈춘다. 이렇게 1차 회수로 얻어지는 원유량은 유전 매장량의 20~30%에 불과하다.

1차 회수의 단계가 끝나면 인공적인 방법을 사용해 계속 원유를 퍼 올린다. 이를 2차 회수라고 한다.

2차 회수에서 자주 쓰는 것이 수공(水攻)법이다. 기름층에 물을 넣어 땅 속의 압력을 높이고 그 압력에 의해 원유를 뿜어 올리는 것이다. 물 대신 가스를 사용하는 경우도 있으나 원리는 같다. 2차 회수로 유전의 회수율은 30~40%가 된다. 그래도 회수율은 절반이 안 된다. 이제 다른 방법을 이용하는데 대표적인 것이 수증기를

---

[1] 한국에서는 회수라는 표현 외에 채취, 채유 등의 표현을 사용하기도 한다.

넣는 방법이다.

즉 수증기를 땅 속으로 집어넣어 기름층을 따뜻하게 하는 작전이다. 온도가 높아지면 원유의 점성이 약해져 더 쉽게 분출된다. 게다가 데워지면서 부피가 팽창하거나 기화하는 성분이 나와 다시금 원유 분출이 시작되는 것이다. 이것이 3차 회수다. 3차 회수에 이르러 회수율은 드디어 40~60%가 된다.

3차 회수에서는 수증기를 넣는 이외에도 이산화탄소 가스를 쓰거나 계면활성제 등의 화학 용액을 넣어 원유를 녹여 분출을 유도하는 경우도 있다.

원유를 뽑아 올릴 때 '진흙물'이 필요한 이유

원유를 뽑아 올릴 때에 꼭 필요한 것이 '진흙물'이다. 주변에서 흔히 보는 흙탕물을 말하는 것이 아니다. 여기서 말하는 '진흙물'은 화학약품을 조합한 물로 사실은 석유 채굴 시에 아주 중요한 구실을 한다.

어떻게 이용되는고 하니, 갱정(坑井: 원유를 뽑아 올릴 때 사용하는 우물)을 팔 때에 회전 드릴식의 굴삭기가 땅 속의 암석을 깨트리며 파내려 가는데 그때 나오는 분쇄 찌꺼기들을 지표로 가져오는 역할을 진흙물이 맡는 것이다.

채굴 시에는 지하 수천 미터까지 파내려 가기에 대량의 분쇄 찌꺼기가 나온다. 그때 갱정에 진흙물을 순환시켜 찌꺼기들을 지표까지 가져 나오는 시스템이다. 지표로 나온 진흙물은 필터로 찌꺼기를 제거하고 다시 땅 속으로 돌려보낸다.

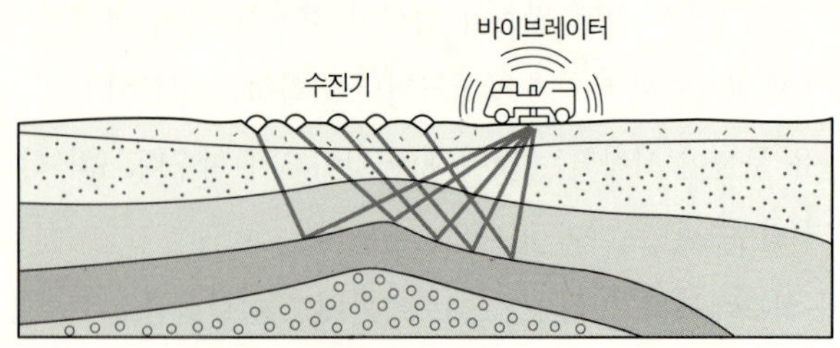

인공적으로 지진을 일으켜 이로 인해 생긴 진동파가
어떻게 반사되는지를 보아 지질을 조사한다.

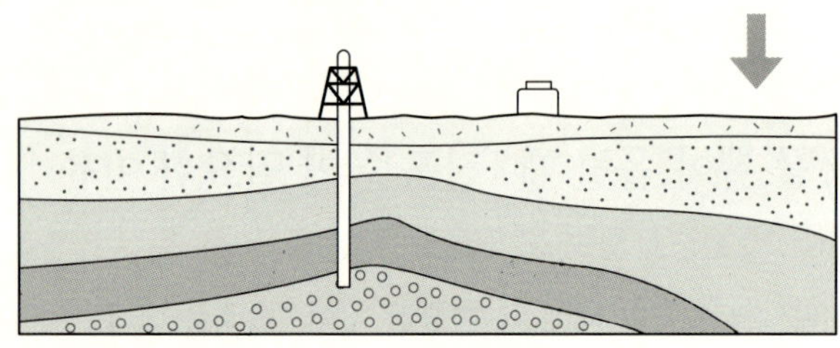

지상으로 올라오는 암석을 조사하면서 파내려가
진흙물 속에 기름이 섞여 있으면 기름층에 도달한 것이다.

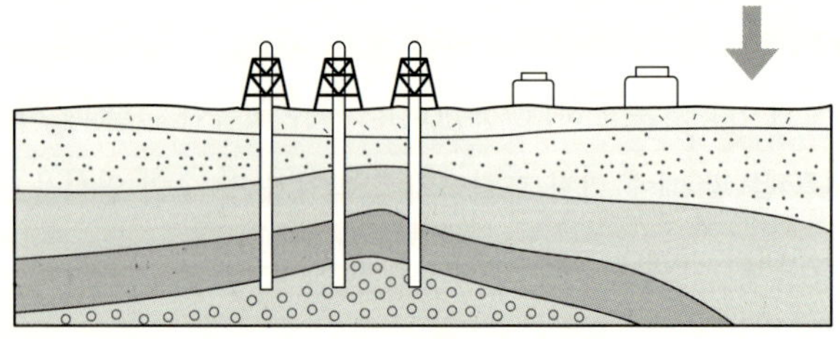

주변에도 우물을 파서 나오는 원유는 가스와 물로 처리돼 탱크에 저장된다.

(참고: 일본 석유광업연맹 석유개발기술안내서 석유 기술협회 홈페이지)

진흙물은 암석을 계속 파나가는 대형 드릴에 방해가 되는 찌꺼기를 없애주는 고마운 존재다. 아울러 진흙물에 섞여 올라오는 분쇄 찌꺼기로부터 암석의 성분이나 상태 등 땅 속의 정보도 분석한다.

또 진흙물은 땅 속에서 암석을 깨는 회전식 드릴의 온도를 낮춰준다. 강력한 모터를 장착한 이 드릴은 단단한 암반을 깨느라 고속으로 쉬지 않고 돌기 때문에 엄청난 마찰열이 발생한다. 이때 비트라고 하는 드릴 팁 부분에서 진흙물을 분출해 드릴과 암반을 식힌다.

또한 진흙물은 땅 속의 압력 균형을 지키는 데에도 도움이 된다. 땅 속에는 큰 압력이 가해지는데 구멍을 뚫으면 옆에서 가해지는 압력 때문에 애써 판 구멍이 눌려 없어질 가능성이 있다. 이때 갱정에 진흙물을 주입함으로써 구멍 내외의 균형을 유지하는 것이다.

이렇듯 진흙물이 하는 일들은 하나하나가 다 중요하다. 그렇기 때문에 상황에 따라서 미세한 조정이 가능하게 전문가가 따라붙어 진흙물의 상태를 항상 체크한다.

유전을 찾아 개발하는 데에는 비용이 얼마나 들까

고위험 고수익의 전형이라고도 할 수 있는 유전 채광, 유전 개발이지만 실제로 어느 정도의 비용이 들까?

결론부터 말하면 이름 있는 자산가가 개인의 재산을 털어 유전을 찾는다는 건 오래전 이야기다. 요즘은 개인 자산으로는 감당할 수 없는 비용이 든다.

우선 사전조사에서 유전의 유무를 조사하고 유전이 있다는 결론이 나오면 실제로 시굴해 봐야 한다. 이렇게 판 우물을 시굴정이라고 하는데 이 시굴작업에 수십억 엔이 든다. 왜냐하면 지하 수천 미터까지 파내려가야 하기 때문이다.

이 단계에서 상업성이 있다고 판단되면 이번에는 유전의 상태를 자세히 알아보기 위해 시굴정 주변에 몇 군데의 시굴정을 더 판다. 시굴정 한 곳에 수십 억 엔이 드니까 이를 몇 군데 더 파려면 거액의 돈을 쏟아 붓지 않으면 안 된다.

여기서 끝이 아니다. 실제로 원유를 채굴하려면 다시금 생산정을 여러 개 파야 한다. 이에 더해 채굴한 원유의 정제 시설과 소비지까지의 운송 수단도 확보해야 한다.

이렇게 갖가지 비용을 합치면 수천억 원에서 수조 원이 된다. 몇 조씩 쏟아 부어야 하는 사업인 이상 막대한 이익이 나지 않으면 장사가 안 되는 것이다.

참고로 지금 소개한 것처럼 시굴정에서 최종 단계까지 진행되는 경우는 전체 시도의 몇 퍼센트에 불과하며 일설에는 약 50곳 시굴해 겨우 한 곳 성공한다고 할 정도다. 만에 하나, 시굴해 본다 해도 상업성이 있는 유전이 아니라면 시굴할 때까지 들어간 수백억 원은 한푼도 못 건지게 된다. 게다가 시굴한 장소는 뒤처리까지 깨끗하게 해야 해서 돈이 또 들어간다. 실로 설상가상이 아닐 수 없다.

최근 해저 유전이 늘어나는 이유

유전이라고 하면 중동의 광대한 육지에 채굴 시설 및 파이프라인 등이 펼쳐진 광경을 떠올리는 사람이 많지 않을까? 허나 지금은 육상 유전에서 생산되는 석유는 세계 생산량의 3분의 2에 불과하다. 나머지 약 30%는 해저 유전에서 채굴하는 것이다.

해저 유전의 개발은 1947년 미국 루이지애나 주 앞바다에서 시작됐다. 수심 6미터 정도의 얕은 바다에 생산 시설도 소규모인 유전이었다. 그러나 그 후, 채굴 기술이 점차 진화해 깊은 해저에서도 채광과 개발이 가능해졌다.

해저 유전의 채굴에는 착저식(着底式)이나 부유식(浮遊式) 굴삭 장치가 쓰인다. 착저식은 고정식 플랫폼을 해저에 설치해 그 위에 굴삭 장치를 놓는 타입으로 다리를 줄였다 늘렸다 할 수 있어 필요할 때만 해저에 세우는 이동식 굴삭 장치다. 같은 이동식으로 잭업(Jack-up)형 굴삭 장치는 100미터 정도의 수심이 한계지만 고정식 플랫폼은 상당히 깊은 해저에서도 사용한다.

한편 부유식에는 반잠수형과 선박형(드릴십)이 있는데 선박형은 수심 2400미터 정도까지 팔 수 있다.

해저 굴삭 장치는 전 세계에 600~700개가 가동되고 있다. 특히 멕시코 만은 해저 유전의 보고로 많은 유전이 개발되고 있다.

1970년대까지는 수심 200미터가 한계였으나 1980년대 후반부터는 수심 500미터 정도까지 개발이 가능해 2003년에는 미국의 멕시코 만에서 3051미터의 해저가 탐광 굴삭됐다.

바다는 파도, 조류 등의 영향을 받기 때문에 굴삭이 어려우며 특히 깊은 바다, 빙해 등의 험준한 장소에서는 위험도 그만큼 커진다. 그런 곳에서 굴삭을 하려면 고도의 기술이 필요한 것은 물론 비용도 막대하게 든다. 그래도 해저 유전 개발은 대형 석유회사를 중심으로 활발하며 장기적으로는 생산 비율이 한층 늘어날 것이라는 분석이다.

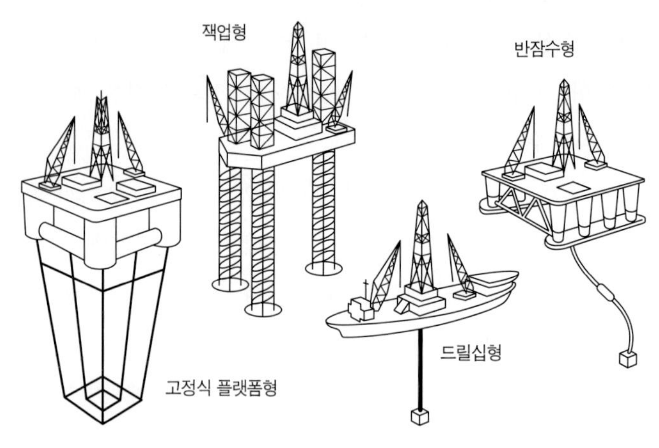

(참고: 『석유개발기술안내서』)

원유에서 휘발유를 어떻게 정제하나

유전에서 퍼 올린 원유는 갖가지 불순물이 섞인 상태다. 어떤 용
도로 사용하든 그대로는 쓸 수가 없다. '정제' 하지 않으면 안 되는
것이다.

우선 가열로에서 약 350도로 끓여 원유를 석유 증기 상태로 만
든 다음, 상압증류장치라는 곳으로 보낸다. 원유에는 다양한 성분
이 들어 있는데, 각 성분의 끓는점이 다르다. 이 끓는점이 다른 것
을 이용해 증류 분리시킨다.

상압증류장치

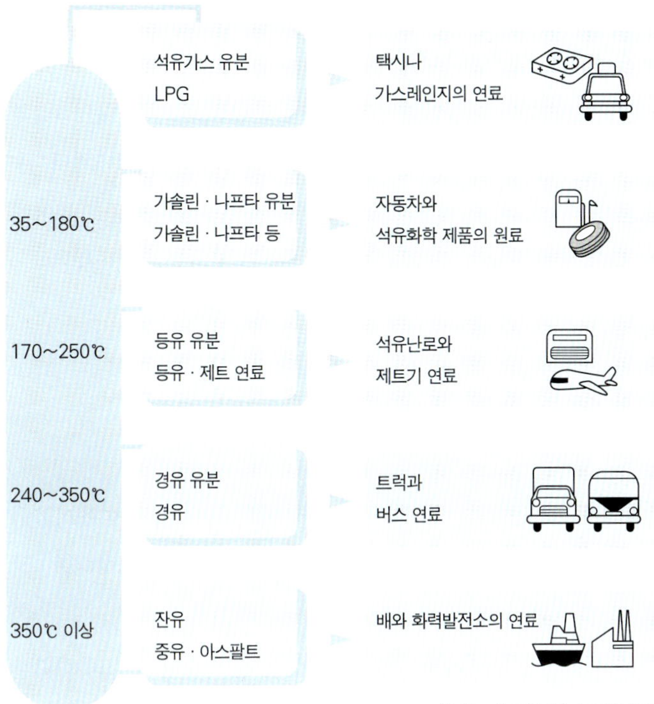

(출처 : 석유정보센터 홈페이지)

이렇게 나뉜 물질이 유분이라는 것인데 이를 가공하면 휘발유 등의 석유제품이 된다. 유분은 끓는점이 높은 것부터 차례로 잔유, 경유 유분, 등유 유분, 휘발유 · 나프타 유분, 석유가스 유분의 다섯 종류로 나뉜다. 나뉜 유분은 그 성질을 살려 석유제품으로 가공된다.

예를 들어 휘발유 유분과 경유 유분은 교통수단을 움직이는 연료가 된다. 또 등유 유분과 잔유는 중유로, 석유가스 유분은 LP가스 등으로 만든 다음 연소시켜 열 에너지원으로 쓴다. 나프타 유분은 플라스틱이나 합성 섬유와 같은 석유화학 제품에 사용된다.

그런데 유분을 용도별로 분류하면 사용 빈도가 높은 휘발유와 등유, 경유 유분은 다른 것과 비교했을 때 많은 양을 필요로 하므로 부족해질 개연성이 크다.

이때 끓는점을 이용한 증류장치로 분류한 다음, 예를 들어 '접촉분해장치'를 사용해 중유 유분에서 휘발유 유분을 뽑아내거나 '수소분해장치'를 써서 석유가스 유분에서 등유·경유 유분을 뽑아내는 등의 특별한 방법을 써서 필요한 유분을 보완할 수도 있다.

'석유'와 '원유'는 어떻게 다른가

휘발유 및 등유를 비롯해 우리 주변에는 여러 가지 석유제품이 있다. 이 모든 석유제품은 원유를 정제해서 만든다. 그렇다면 '석유'와 '원유'는 어떻게 다른가?

우선 화학적 구조면에서 말하면 '석유'는 탄소와 수소의 화합물인 탄화수소로 된 혼합물이다. 탄화수소라고 해도 화학적 구조 등에 따라 다양한 종류가 있어 이들을 묶어 석유라고 하는 것이다.

좁은 의미에서는 상온, 상압 시에 액체 상태인 탄화수소의 혼합물을 석유라고 부르기도 하나, 천연의 액체탄화수소부터 석유제품까지를 총칭하는 경우처럼 상당히 넓은 의미에서 사용하기 때문에 사실 석유의 정의를 내리기는 꽤 까다롭다.

여러 석유 중에서 유전에서 퍼올린 천연의 탄화수소를 '원유'라고 한다. 탄화수소는 탄소와 수소가 결합한 비율에 따라 종류가 달라진다. 한마디로 원유라고 해도 산지가 어디인가, 얼마나 깊은 곳에서 채취했는가, 형성된 시대는 언제인가에 따라 색이나 투명도 등 성질이 달라진다. 예를 들어 비중이 작은(가벼운) 기름이 어느 정도 함유돼 있는가에 따라 경질유, 중(中)질유, 중(重)질유 등으로 분류된다. 게다가 원유에는 탄소와 수소 이외의 화합물도 들어 있기 때문에 그 비율에 따라 성질이 바뀌고 액체 이외에도 기체, 고체 상태인 것 등 350 종류 이상이 있는 것으로 알려져 있다.

원유 가격은 분류법에 따라 정해진다

석유와 원유의 차이를 설명할 때 소개했듯이, 원유라고는 해도 산지나 유질, 성분에 따라 큰 차이가 있다. 그리고 이러한 조건들에 따라 원유 가격이 결정된다. 원유를 분류하는 방법에는 몇 가지가 있다. 여기서는 주된 세 가지 분류법을 소개한다.

① '비중'에 따른 분류법

비중에 따라 원유를 분류하는 것이다. 비중이 0.904이상인 것을 '중질원유(重質: heavy)'라고 하고 0.83이하의 것을 '경질원유(輕質: light)'라고 한다. 중질원유와 경질원유의 중간을 '중질(中質)원유'라 한다.

비중이 가벼운 경질원유 쪽에 끓는점이 낮은 성분이 많이 포함돼 있기 때문에 상압증류로 정제하면 휘발유, 증유, 경유가 많이 나오고 생산효율이 좋다.

반면에 중질원유에는 끓는점이 높은 성분이 많기 때문에 상압증류하면 잔유 등의 비율이 높아져서 생산효율이 좋다고는 할 수 없다. 따라서 경질원유를 중질원유보다 귀하게 여긴다.

② '유황 성분'에 따른 분류법

유황 성분이 많이 포함된 것, 혹은 황화수소가 0.04몰% 이상 포함된 것을 '사워(sour) 원유', 유황 성분 혹은 황화수소가 적은 것을 '스위트(sweet) 원유'라고 한다. 원유의 유황 성분이나 황화수소 함유량이 문제가 되는 이유는 유황 성분을 연소시키면 유해물질인 유황산화물이 발생하기 때문이다.

때문에 원유를 정제할 때 이런 유해물질을 제거하지 않으면 안 되며, 유해 물질의 양이 많으면 그만큼 번거롭고 경비가 들어 생산 효율이 나빠진다. 따라서 스위트 원유가 사워 원유보다 더 낫다고 본다.

③ '탄화수소'에 따른 분류법

탄화수소 타입에 따라서도 분류할 수 있다. 파라핀계 탄화수소를 다량 함유한 원유를 '파라핀기 원유', 나프텐계 탄화수소를 다량 함유한 원유를 '나프텐기 원유'라고 한다. 이들의 비율이 중간인 원유를 '혼합기 원유'라고 한다.

'경유'와 '휘발유'는 어떻게 다른가?

대부분의 주유소에서는 일반 휘발유, 고급 휘발유[2], 경유를 판매한다. 가격면에서는 싼 순서대로 경유, 일반, 고급인데, 그렇다면 가장 싼 경유는 무엇인가?

---

[2] 원문에서는 '레귤러', '하이오크(High octane)'라는 표현을 사용했다. 여기서는 각각 국내에서 보편적으로 사용되는 일반 휘발유, 고급 휘발유로 표기키로 한다.

잘 알려져 있듯이 경유는 버스나 트럭 등에 쓰는 디젤 엔진용 연료다. 휘발유와 경유는 성질이 다르고 그에 따라 엔진 구조도 다르다. 즉 휘발유는 인화하기 쉽지만 경유는 고온이 아니면 불이 잘 붙지 않는다. 그래서 휘발유 엔진에 비해 디젤 엔진은 고온에서 연료를 자연 발화시키도록 압축비가 높다.

그런데 실은 휘발유도 경유도 석유가 원료고 제조법도 같다. 다만 한 가지 다른 점은 끓는점이다. 원유를 정제할 때에 휘발유는 35도에서 180도 사이에서 발생하는 증기에서 얻지만 경유는 240~350도에서 발생하는 증기에서 얻는다.

때문에 휘발유와 경유의 원가는 거의 같다. 그런데 경유 가격이 휘발유에 비해 싼 이유는 무엇일까. 사실 이 가격은 세금이 반영된 것이다. 그렇다면 왜 같은 석유를 원료로 하는데 이렇게 세금이 다른 것일까?

경유를 연료로 하는 트럭이나 버스 등의 이용자는 사업자가 압도적으로 많다. 사업자들이 쓰는 연료비가 높아진다는 것은 경비, 예를 들면 상품 운송비가 높아진다는 의미다. 즉 사업자가 이용하는 경유의 가격 상승은 소비자 물가의 상승을 불러온다는 논리 때문에 세율을 낮게 묶어둘 필요가 있는 것이다.

'보통'과 '고급'은 뭐가 다를까

휘발유에는 '보통'과 '고급', 두 가지가 있는데 이 둘은 무엇이 다른 걸까? '고급'은 1리터에 10엔 정도[3] 비싸기 때문에 필시 품질이 더 좋은 휘발유일 것이라고 생각해서 고급을 선택하는 사람이 적지 않을 것이다.

그러나 실제로 고급 휘발유는 품질이 더 좋은 휘발유라기보다는 고출력 엔진용 휘발유다.

두 휘발유의 차이는 옥탄가가 다르다는 것이다. 옥탄가란 노킹(엔진에 시동을 걸 때의 이상연소, 엔진의 공회전)이 일어나지 않도록 하는 정도를 표시하는 수치로, 높을수록 자기착화성이 높아 노킹이 잘 일어나지 않는다.

일본공업규격(JIS)에서는 옥탄가가 96이상인 것을 고급(하이오크), 89이상인 것을 보통(레귤러)으로 정했다.[4] 다만 휘발유 배합은 회사에 따라 다른데, 실제로 국내에서 판매되는 제품들은 고급이 옥탄가 100, 보통이 90인 데가 많아 높은 수준을 유지하고 있다.

옥탄가가 높으면 압축비가 높아 효율이 좋은 엔진에도 쓰기 쉽고 엔진의 반응도나 마력도 좋아진다. 때문에 고출력 엔진을 장착한 고성능 스포츠카 등은 고급 휘발유차로 지정돼 있다. 노킹을 일으키기 쉬운 터보엔진에는 그야말로 안성맞춤이라고 할 수 있겠다.

또한 나라마다 옥탄가의 기준이 달라 유럽에서는 보통 휘발유라도 기준치가 일본보다 높게 책정된 경우가 많으므로 유럽에서 수입된 차는 고급 휘발유차로 지정돼 있는 경우가 많다.

그러면 보통 휘발유 사양의 자동차에 고급을 넣으면 어떻게 될까? 더 잘 달린다거나 부드럽게 나간다는 말도 있지만 실은 고급의 특성을 발휘할 수가 없어 그다지 의미가 없다.

보통 자동차에 고급을 넣어도 문제는 없으나 반대로 고급 휘발유 전용차, 특히 수입차에 보통 휘발유를 넣으면 노킹이 일어날 염

---

❸ 한국에서는 약 200원 차이.
❹ 한국은 옥탄가 94를 기준으로 그보다 높으면 고급, 낮으면 보통으로 규정한다.

려가 있으니 주의를 요한다. 역시 지정된 휘발유를 넣는 것이 최선이다.

등유가 난방용 연료로 애용되는 이유

석유난로 등 난방 기구의 연료로 쓰이는 등유는 휘발유와 같이 원유로부터 만들어지는 석유제품의 한 종류다. 등유의 약 80%가 가정용 난방연료로 사용되기 때문에 겨울철(11~2월)의 등유 사용량은 여름철의 5배에 달한다.

일본의 연간 등유 생산량은 약 2700만 킬로리터지만 추운 계절에는 부족한 양을 한국 등 아시아에서 수입한다.

등유가 난방용 연료로 널리 쓰이는 이유는 비용이 전기료의 약 5분의 1, 도시가스의 3분의 1로 상당히 경제적인 연료기 때문이다.

또한 등유는 지하탱크에 안전하게 저장할 수 있는 데다가 액체여서 운송이 쉽다는 이점도 있다. 휘발유는 대부분 주유소에서 판매하는 반면 등유는 주유소, 대형 잡화점, 생협, 방문판매 등 판매하는 곳이 많아서 손에 넣기가 쉽다.

석유제품은 위험물이라 규제가 엄하고, 휘발유는 판매취급소나 주유소에서 팔 수밖에 없다. 그러나 등유는 상온에서는 불이 붙지 않기 때문에 취급이 쉬운 석유제품이다.

현재 석유제품을 대체할 에너지로 바이오에너지 등을 개발하고 있는데 등유의 대체품으로 주목받고 있는 것이 GTL(gas to liquid)이라고 불리는 기술이다. 이는 친환경적인 천연가스로부터 등유를 만들어내는 것이다.

방법은 천연가스에 탄소 등을 더해 화학변화를 일으켜 분해, 액화해 등유를 정제하는 것이다. 이산화탄소 배출량을 보면 석탄 연소시 배출량이 10이라 할 때 석유가 8, 천연가스는 6으로 석유보다 배출량이 적다(출처: 자원에너지성). 산성비의 원인이 되는 SOX(유황산화물)도 함유하지 않는 등의 이점이 있다. 이렇듯 환경 친화적인 천연가스는 매장량도 풍부해서 등유를 생산해 실용화하는 방안을 개발 중이다.

우리에게 낯선 '중유'란

석유 중에서도 휘발유나 등유 같은 것들은 생활 속에서 자주 보지만 '중유(重油)'라고 하면 이름은 들어봤어도 무엇인지는 전혀 모르겠다는 사람이 많을 것이다.

중유는 원유를 상압에서 증류할 때 나오는 잔유를 경유와 섞어서 만든 석유제품으로 갈색 혹은 흑갈색에 점성이 강한 것이 특징이다. 화학적인 정제를 거치지 않아 석유제품 중에서 가장 저급이라고 할 수 있다.

이러한 중유는 점성도에 따라 3가지로 나뉜다.

중유 중에서 가장 점성도가 낮은 것을 A중유, 다음을 B중유, 가장 점도가 높은 것을 C중유라고 한다. C중유 정도 되면 상온에서 딱딱해져서 예열을 하지 않고는 사용할 수가 없다.

일반적으로 A중유는 자동차 이외의 디젤 엔진, 소형 보일러의 연료 등에 쓰인다. A중유는 분류상으로는 중유에 속하지만 품질은 경유와 다를 바 없다. B중유, C중유는 선박용의 대형 디젤 엔진과 대형 보일러 등에 사용된다.

지금은 선박용 연료로 중유를 쓰지만 과거에는 석탄을 썼다. 세계에서 처음으로 선박 연료에 중유를 사용한 것은 일본의 해운회사였다. 세계 최초로 중유를 연료로 쓴 선박은 도요키센(東洋汽船)이라는 해운회사가 영국에 발주해 1819년에 취항한 소요마루와 부요마루였다. 중유를 연료로 사용한다는 아이디어는 도요키센의 소유주 아사노 소이치가 낸 것으로 실로 획기적인 것이었다.

석탄을 연료로 하는 선박의 경우, 고체 연료인 석탄 때문에 연료 창고가 커야 했다. 또한 석탄을 운반하고 섞을 승무원도 필요했다. 그런데 연료를 중유로 바꾸니 선내 공간과 승선 인원 문제를 해결할 수 있었다. 그렇게 생긴 공간을 대식당이나 수영장, 극장 등으로 사용할 수 있게 되면서 호화 여객선이 탄생했다.

석탄이 에너지의 주인공 자리를 석유에게 빼앗긴 사연

현재는 화석연료(태곳적 동식물 유해가 땅 속에서 변화해 만들어진 연료) 중에 석유가 가장 많이 쓰인다. 그러나 이전에는 석탄이 주인공이었다.

본래 석탄은 고대로부터 중국, 그리스, 로마 등 세계 각지에서 이용됐다. 중세 때 유럽에서 가열용 연료로 사용하면서 석탄을 본격적으로 채굴하기 시작했다. 이어 18세기 후반 증기기관이 등장하면서 석탄은 동력원으로 없어서는 안 될 존재가 돼 산업혁명으로까지 이어졌다.

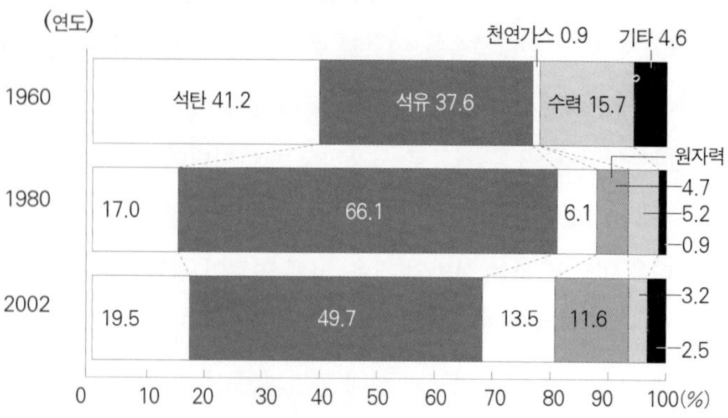

그 후 내내 에너지 주력의 자리에 있던 석탄이지만 바야흐로 19세기 후반이 되자 석유에 그 자리를 빼앗기게 됐다. 초기에는 램프 등에만 사용하던 석유가 차츰 자동차와 선박의 연료, 화학공업의 원료가 되면서 주류가 됐다.

생산, 운송, 가격 모든 면에서 석탄에 비해 우위에 있었기에 석유는 급속도로 보급됐다. 과거에는 석탄을 연료로 쓰던 화력발전소도 단기간 내에 석유로 전환됐다.

왜 석탄보다 석유가 더 쓰기 좋은 것일까?

우선 석유가 액체라는 점을 들 수 있다. 액체인 석유는 고체인 석탄보다 저장이나 운송 등의 관리가 훨씬 편리한 데다 발열량도 더 크다. 그러나 무엇보다 주력 에너지가 석유로 전환된 배경에는 휘발유로 달리는 자동차가 전 세계적으로 보급된 데 있다. 게다가 중동이나 미국에서 대형 유전이 발견돼 저렴한 가격에 대량으로 공급할 수 있게 된 것도 주요인이다. 그 외 석유가 석탄보다 수소 함유량이 2배나 된다는 점도 있다. 왜냐 하면 화학공업 분야에서는 수소를 다량으로 사용하기 때문에 그 원료로는 석유가 더 적합한 것이다.

이런 요인들에 의해 동력원이나 열원으로 사용되는 에너지의 주역이 석탄에서 석유로 바뀌었다.

천연자원인 석유의 소유권은 누구에게 있는가

석유는 지구가 준 천연자원이다. 그러면 각각의 자원은 대체 누구 것일까? 파서 찾아낸 사람인가, 아니면 그 땅의 소유자인가?

자원의 소유권이 땅 소유자에게 있다고 보는 나라는 캐나다 등 일부 국가에 불과하며, 많은 나라가 그 국가, 혹은 군주에게 속하는 것으로 본다.

특히 1962년의 유엔 결의에서 '천연자원에 대한 항구 주권'이 선언되면서 자원은 보유국의 것으로 인식하게 됐으며, 이 선언은 중동 국가들의 석유 국유화를 뒷받침하게 됐다.

사실 산유국이라 해도 국가 차원에서 전면적으로 채굴에 나서는 것은 아니다. 석유 채굴은 성공했을 때는 이익이 크지만 거액의 투자와 고도의 기술을 필요로 하는 데다 결국은 실패로 끝날 때도 있어 위험도가 높은 사업이다. 그래서 자금이 있는 석유회사 등에 개발을 맡기는 경우가 많다.

산유국은 이들 회사에 탐사권이나 광업권을 내줘 유전을 개발케 하고 계약한 대로 로열티 등의 이익을 얻는 것이다.

유전 개발을 바라는 석유회사는 우선 광업권을 손에 넣는다. 광업권이란 지하자원을 채굴할 권리를 말한다. 광업권을 따려면 지하자원의 소유자와 계약해야 한다. 지하자원의 소유주가 누군지는 때에 따라 다르지만 많은 경우에 국가, 혹은 군주가 된다.

광업권은 토지에 부여된 것이 아니라 개개의 자원에 부여되는 것이다. 따라서 유전을 개발하려면 석유의 광업권을 취득해야 한다. 광업권 계약에는 몇 가지가 있다. 과거에는 석유회사가 광업권을 입수해 산유국이나 토지 소유자 등에게 일정의 로열티를 지불하는 방식이 많았다. 그러나 지금은 광업권은 나라가 보유하고 석유회사에 위험 부담을 지워 개발, 발굴하는 방식이 채용되고 있다. 즉 석유회사가 석유개발에서 채굴까지 완전히 도맡는 것이다.

이 경우 석유회사는 비용과 생산에 걸맞은 이익을 손에 넣을 수 있다. 이익은 생산물, 즉 원유로 지불되는 경우가 많으며 석유회사는 원유 내지는 석유제품을 판매해 이익을 얻게 된다. 마찬가지로 산유국도 원유와 석유제품을 판매하게 된다.

그렇다고는 해도 석유개발에는 막대한 자금이 든다. 석유개발회사, 도매회사, 대형 상사, 은행 등이 공동 출자를 하거나 그중에는 자금 조달을 위해 일부 광업권을 양도하거나 보수 일부를 건네 자금을 제공하는 계약 방법을 취하는 경우도 있다.

석유는 5000년도 더 이전부터 사용됐다

현대 사회에서 석유는 없어서는 안 될 에너지 자원이다. 그렇다면 인류는 언제부터 석유를 썼을까?

많은 사람들은 자동차 산업이 활발해진 무렵부터라고 상상할지

도 모른다. 그렇지만 인류가 석유를 사용한 것은 5000년도 더 된 일이다.

메소포타미아 사람들은 지하에서 스며 나오는 흑갈색 액체를 발견하고 그 점성을 살려 기와를 올릴 때 접착제로 이용했다고 한다. 이 액체가 석유의 한 종류로 알려진 아스팔트다.

또한 고대 이집트에서는 이 아스팔트를 천에 적셔 미라를 만들었다. 아스팔트를 천에 적시면 부패를 막는 효과가 있어 소위 말하는 방부제로 쓴 것이다. 그 외에 배의 선체에 발라 누수를 막거나 해열제로도 사용했다고 한다.

한편 미국의 원주민들은 아스팔트를 조리용 불에 사용했다. 그리고 세월이 지나면서 지상으로 흘러나오는 석유만으로는 부족해 구멍을 파서 석유를 퍼 올리게 됐다.

석유를 파내는 작업은 지금으로부터 2200년 전의 중국에서도 확인됐다. 다만 당시에는 끌 같은 도구로 구멍을 파서 석유가 나오면 대나무 파이프나 청동관으로 퍼내는 방식이어서 석유를 캐기가 쉽지 않았다.

이렇듯 석유는 상당히 옛날부터 사용해왔으나 오늘날과 같이 생활에 밀접한 에너지원이 된 것은 19세기 중엽의 일이다.

그때까지는 태우면 시커먼 연기가 피어오르고 좋지 않은 냄새까지 나는 탓에 연료나 조명에는 사용하지 않았다. 그런데 이를 정제해서 등유로 만드는 기술이 개발되자 단숨에 석유램프가 보급되고 근대 산업에 없어서는 안 될 에너지 자원이 됐다.

1859년에는 미국 펜실베이니아 주에서 에드윈 드레이크가 유전 채굴에 성공했다. 증기기관의 동력을 사용해 판 첫 유전이었다. 이로부터 유전에 대한 사람들의 관심이 높아져 미국에는 순식간에 유전 개발 붐이 일어났다.

그 후 19세기 후반에 등장한 자동차가 20세기 들어 널리 보급되면서 석유 소비가 급격히 늘어났고 정제기술이 발달해 석유에서 등유뿐만 아니라 휘발유를 정제하게 되자 석유는 우리 생활에 불가결한 존재가 됐다.

세계에서 처음으로 유전을 판 사람

석유가 지하에 있다는 것은 오래전부터 알았으나 땅 속 깊숙이 파 내려가면 석유를 대량으로 채취할 수 있을 거라고는 생각지 못하던 시절, 그 위업을 달성한 남자가 있다.

미국 펜실베이니아 주 북부 타이타스빌에서 석유를 발굴한 에드윈 로렌틴 드레이크가 그다.

석유 발굴이 드레이크 한 사람의 업적은 아니다. 석유 광상을 파내는 사업을 기획한 것은 뉴욕의 변호사 조지 비셀이었다.

비셀은 대학 연구실에서 '락 오일(rock oil)'이라 불리는 석유 표본을 보고 충분한 양을 채취할 수만 있다면 큰 사업이 될 것이라고 생각했다. 그래서 뉴헤이븐 은행의 대표 제임스 타운센드를 비롯한 투자가를 모아 막대한 자금을 투입해 채굴 사업을 시작했다. 그 현장 책임자로 발탁된 것이 드레이크였던 것이다.

드레이크는 채굴권을 얻으려고 분주히 뛰어다녔으며 이모 저모로 채굴 방법을 생각했다. 그때까지 석유는 지표에 솟는 것을 수작업으로 모았으며 판다고 해도 손으로 파는 것에 가까웠는데 드레이크는 도구를 사용해야겠다고 생각했다.

그 도구란 무거운 철로 된 끌로 지면을 파 내려가 바위를 부수는 것이었다. 부서진 바위는 치우고 다시 끌로 파내려가 바위를 깨는 단순한 방법이었다. 끌을 올리고 내리는 데에는 케이블이 사용됐다. 드레이크의 선견지명은 끌을 올리고 내리는 데에 증기기관을 사용했다는 데서 나타났다. 이로서 작업 효율이 비약적으로 향상됐다.

그러나 오늘도 내일도 철끌로 땅 속의 바위를 부수어도 석유가 나올 기미는 전혀 없었다. 타이타스빌 주민들은 이 작업을 '드레이크의 바보짓'이라고 비웃었다. 8개월 동안 계속 파도 석유는 나오지 않았다. 견디다 못한 출자자 뉴헤이븐의 타운센드는 드레이크에게 채굴을 중지하라는 편지를 보냈다.

이 편지가 드레이크의 손에 닿기 직전인 1859년 8월 27일, 마침내 석유가 흘러나왔다. 수동 펌프로 계속 퍼 올려도 계속 나왔다. 드레이크는 지하 21미터 지점에서 약 20배럴을 퍼 올렸다. 이 유정은 '드레이크 우물'이라는 이름이 붙었다.

세계 최초로 석유 발굴에 성공한 드레이크는 풍족한 여생을 보낼 수 있었을 것이다. 그러나 성공의 혜택을 휩쓸어간 것은 조지 비셀이었고 드레이크는 펜실베이니아 주 정부가 주는 연금으로 근 근이 살다가 삶을 마감했다.

미국의 석유왕 록펠러

록펠러(1839~1937년)라는 이름을 한 번쯤은 들어봤을 것이다.

록펠러는 19세기부터 20세기에 걸쳐 미국의 석유업계를 지배하고, 당대에 거액의 부를 손에 넣어 '석유왕'이라 불린 입지전적 인물이었다.

록펠러는 뉴욕의 가난한 가정에서 태어나 힘들게 자랐다. 그런 그가 석유업계에 뛰어든 것은 친구와 작은 농산물 판매회사를 하던 20살 때의 일이다.

당시 미국의 석유 산업은 아직 초기 단계라 중소기업이 난립해 가격도 불안정했으며 정제에서 판매까지 강력한 조직도 갖추지 못한 상태였다. 록펠러는 그 점에 착안했다.

다양한 사업으로 모은 자금을 바탕으로 석유 중개업을 시작한 록펠러는 서서히 정제업에도 손을 뻗어 1870년에는 스탠더드오일사를 창설했다.

전국의 석유사업 통합을 노리던 그는 철도와 파이프라인을 독점하여 다른 회사들을 업계에서 몰아냈다. 나아가 매수 및 합병을 거듭해 1879년에는 전미(全美) 제유정제업의 90% 가까이를 지배하기에 이른다.

31세에 대부호가 돼 석유왕이라 불리던 록펠러지만 무자비한 수법 때문에 동업자와 세간으로부터 강하게 비판받기도 했다. 그러나 그는 독점금지법의 성립, 스탠더드오일 사의 해산 등 거듭되는 난관을 이겨내고 석유왕으로 석유업계에 군림했다.

말년에는 그런 태도를 완전히 바꾸어 복지사업에 몸 바쳤다. 그는 막대한 자산을 사회사업에 아낌없이 사용했고, 죽은 후에는 '그와 같이 막대한 돈을 현명하게 쓴 사람은 없을 것'이라는 찬사를 받았다.

자선 사업의 일환으로 설립한 록펠러 재단은 지금도 유명해서 식량문제를 연구하는 단체, 환경 개선 프로그램, 학교 등 다양한 사회활동, 복지사업을 후원하고 있다. 또한 그 자손 중에 미국 부대통령이 나오는 등 록펠러 일가는 미국의 명문가로 자리잡았다.

러시아 석유왕의 깜짝 놀랄 호화 생활

석유왕은 중동사람일 거라고들 생각하겠지만, 최근에는 풍부한 천연자원을 가진 러시아에서 오일머니를 손에 넣은 억만장자가 잇달아 생기고 있다.

그중에서도 영국의 축구팀 첼시를 사들인 러시아 최고의 부호, 로만 아브라모비치는 2006년 세계 부호 순위(「포브스」)에서 11위(2007년 16위)에 랭크된 석유왕이기도 하다.

그의 총자산은 2008년 현재 약 235억 달러(약 30조 원)에 달하는 것으로 알려졌다.[5] 일본의 부호 순위 1위인 손정의의 재산이 약

---

[5] 그러나 「포브스」가 2009년 발표한 세계 부호 순위에서 아브라모비치는 재산 85억 달러에 51위로 추락했다.

6800억 엔(약 9조 원) 이니 그야말로 감 잡을 수 없는 숫자라고 하겠다.

아브라모비치의 부호 '티내기' 는 아주 대단해서 최강의 축구팀을 만들고 싶다며 추산 2800억 원에 영국 축구의 명문 첼시 구단을 매수, 5000억 원이나 써서 스타 선수들을 모아 프리미어 리그에서 우승시켰다. 런던과 모스크바에 호화 저택과 빌딩을 소유한 것은 물론이요, 고성이나 개인용 제트기, 호화 유람선, 잠수함 등도 소유하고 있다.

석유왕의 돈쓰기는 취미에만 그치는 것이 아니다. 이혼 위자료도 파격적이다.

2007년 아브라모비치의 불륜에 화가 나 이혼소송을 걸었던 그의 아내는 아브라모비치 재산의 절반이 넘는 16조 원을 위자료로 받았다. 작은 나라의 1년 예산에 맞먹는 위자료라니 그들의 금전 감각이 그저 놀라울 따름이다.

그러나 아브라모비치가 태어날 때부터 대부호였던 것은 아니다. 어려서 부모를 잃은 그는 가난한 가정에서 자랐다. 그러던 그가 1990년대, 러시아의 천연자원이 민영화되는 흐름을 타고 오일머니를 손에 넣으면서 부호의 자리에 오른 것이다.

지금의 러시아에서는 이런 경우가 특별한 일이 아니다. 러시아에서는 최근 억만 장자가 계속 나오고 있다. 풍부한 천연자원을 배경으로 괄목할 만한 경제 발전을 이룬 러시아는 2007년에는 GDP가 1조 1850억 달러로 8년 사이에 6배 이상이 됐으니 그야말로 엄청난 성장이다.

나아가 당시 푸틴 대통령의 강력한 리더십을 바탕으로 민영화에 성공한 기업들이 잇달아 상장했다. 그래서 전 세계 투자가들의 뜨거운 시선을 받고 있는 것이다. 10억 달러 이상의 자산을 가진 대부호도 이미 60명을 넘어 일본의 3배나 된다.

게다가 러시아는 지금도 시베리아와 카스피 해의 유전 개발에 힘을 쏟고 있어 당분간은 이런 기세가 멈출 것 같지 않다.

알려지지 않은 석유 산업의 이면

알려지지 않은 석유 산업의 이면

원유는 어떤 경로로 운반되는가

자원소국이라 불리는 일본, 국내에서 소비되는 석유 중 어느 정도나 수입할까? 답은 무려 99%다. 그중 약 90%를 중동에서 들여온다.

원유는 파이프라인과 탱커 등으로 운반하는데 아득히 먼 중동에서 일본까지 원유를 운반할 경우에는 탱커를 사용한다. 편도 1만 2000킬로미터 남짓한 거리를 약 20일에 걸쳐서 운송한다.

이 운송 루트는 가는 길과 오는 길이 다르다. 가는 길은 일본을 떠나 남중국해를 지나 말레이 반도와 인도네시아 수마트라 섬 동쪽 연안 사이의 말라카 해협을 거쳐 인도양, 아라비아 해, 페르시아 만 입구에 자리한 호르무즈 해협을 통해 페르시아 만 안쪽의 원유 기지로 간다.

오는 길은 페르시아 만으로부터 호르무즈 해협을 지나는 데까지는 같으나 그 뒤로는 자바 섬 남쪽의 롬복 해협을 지나 필리핀 동쪽을 거쳐 일본에 도착한다. 왕복 루트의 결정적인 차이는 말라카 해협의 통과 여부다.

일본에서 중동으로 가는데 가장 짧은 길은 말라카 해협을 통하는, 가는 길이다. 가는 길에 비해서 말라카 해협을 통하지 않고 오는 길은 멀리 돌아 3일 정도 더 걸린다.

그런데 왜 비효율적인 길로 항해하는 것일까?

말라카 해협에는 수심 20미터 정도의 얕은 지점들이 있고 암초도 많다. 또 가장 좁은 곳은 폭이 4.6미터밖에 되지 않는다. 중동에서 원유를 싣고 무거워진 대형 탱커라면 좌초할 가능성이 높은 지점인 것이다.

게다가 말라카 해협은 연간 약 7만 5000척의 배가 오가는 통행 선박 과밀 지대다. 따라서 조금 돌아도 위험이 적은 롬복 해협을 선택하는 것이다. 일본과 중동을 잇는 이 항로들은 '오일로드'라고도 불리며 일본의 생명선과도 같다.

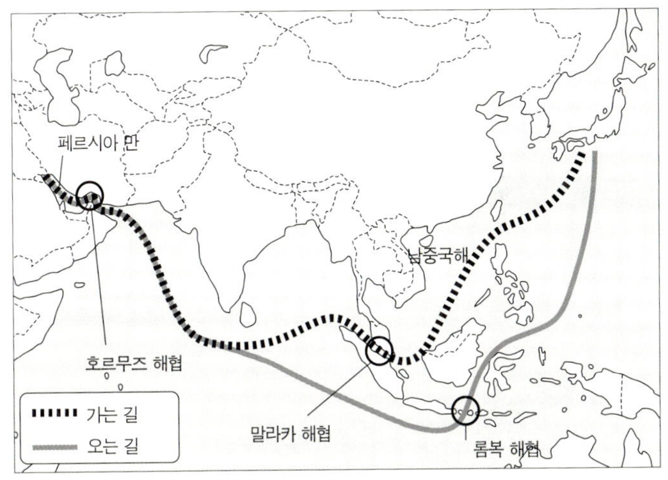

원유 탱커의 전체 길이는 도쿄타워 높이와 같다

중동 여러 나라에서 일본으로 원유를 수송할 때는 20만~30만 톤급의 대형 탱커를 사용한다. 이 탱커들은 VLCC(very large crude carrier)라고 불린다.

이 유조선들은 이름 그대로 일단 엄청 크다. 그 예로 일본선주협회 홈페이지에 의하면 대표적인 30만 톤급의 탱커라면 총 길이 약 330미터, 폭 약 50미터, 높이는 30미터나 된다. 330미터라면 신칸센 12칸의 길이나 도쿄타워 높이에 필적한다. 즉 도쿄타워를 그대로 뉘어 바다 위에 띄운 것이라고 본다면 정말 '대단히 크다(very large)'고 할 수 있겠다. 이 탱커로 한 번에 옮기는 원유는 약 34만 킬로리터로 이는 일본의 1일 소비량의 절반에 해당한다.

이렇게나 큰 탱커로 원유를 옮겨도 하루 소비량의 절반밖에 안 된다면 얼마나 많은 탱커가 중동에서 일본으로 원유를 싣고 오가는지 짐작할 수 있을 것이다. 세계의 바다 위에는 연간 약 16억 톤의 원유가 오간다고 알려져 있다.

덧붙여 중동에서 일본으로 원유를 옮기는 데에는 편도 20일 정

◉ 30만 톤급의 원유 탱커의 길이는 도쿄타워 높이와 비슷하다

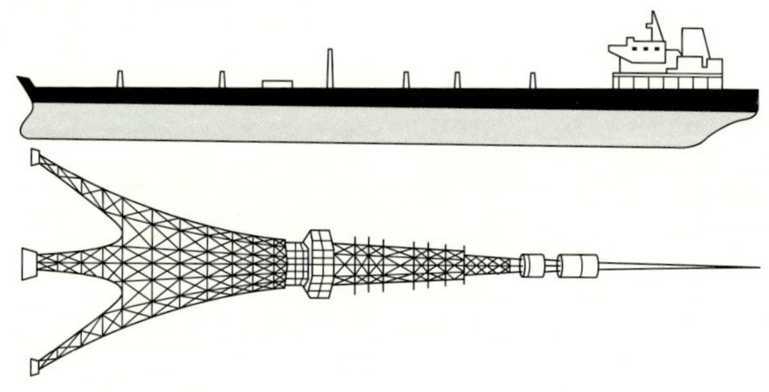

도 걸린다. 가고 오는 데 걸리는 기간이 다소 다르다는 점과 선적 시간을 더하면 한 번 운송에는 약 45일이 걸린다.

좌초해도 환경을 오염시키지 않는 원유 탱커의 구조

때때로 뉴스에 나오지만, 원유를 옮기던 탱커가 만에 하나 좌초라도 하면 대량의 기름이 유출돼 심각한 환경오염을 일으킨다.

실제로 1989년 알래스카에서 좌초한 엑손 발데즈 호 사고 때에는 파손된 탱커에서 약 4만 톤의 원유가 흘러나왔다. 바다로 흘러들어간 원유는 2400킬로미터나 되는 주변 해안선을 오염시켰다.

이 사고를 계기로 국제해사기구(IMO)는 1990년에 유류사고대책협력조약(OPRC조약)을 체결했다. 2년 후에는 조약 내용을 개정해 탱커를 '더블 헐(double hull)'로 만든다는 규정을 넣었다.

더블 헐이란 배의 바깥쪽 벽을 이중 구조로 하는 것. 즉 바깥쪽과 안쪽 2개의 벽으로 돼 있는 배의 바깥쪽 벽을 '헐'이라고 하는데 그 벽을 2중으로 한다는 의미에서 더블 헐이라고 한다.

더블 헐의 경우 원유 탱크는 안쪽 벽으로 보호돼 있다. 그래서 만일 배가 암초 등에 부딪혀 외벽이 부서져도 원유 탱크는 안쪽 벽이 지켜주기 때문에 원유가 바다로 유출되는 일은 없다.[1]

바깥 벽과 안쪽 벽 사이에는 공간이 있다. 이 공간을 '밸러스트 탱크(ballast tank)'라고 한다. 탱커가 좌초해 외벽이 찢어져도 웬만해선 그 충격이 내벽에 닿지 않는 것은 이 밸러스트 탱크 때문이다.

---

[1] 싱글/더블 헐이라는 표현 대신 단일선체, 이중선체라고도 한다. 참고로 한국의 태안 앞바다에서 일어난 기름 유출 사고의 경우, 당시 난파한 유조선은 싱글 헐이었다.

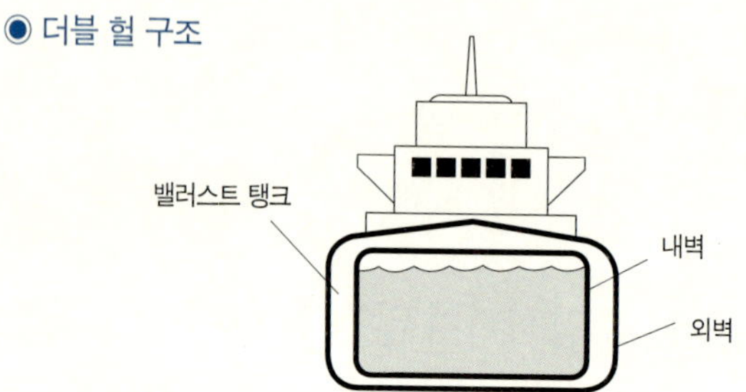

밸러스트 탱크는 또 한 가지 중요한 일을 한다. 탱커에 원유를 싣지 않았을 때에는 배가 물에 잠기지 않고 그냥 뜨게 된다.[2] 이런 때에는 밸러스트 탱크에 물을 넣어 중량을 조절한다. 그 후 원유를 선적해 배 전체의 중량이 늘어나면 밸러스트 탱크에 있던 물을 배출해 중량을 조절한다.

탱커는 세계 곳곳에서 산유국의 항구로 모여 들기 때문에 밸러스트 탱크 안의 수질이 제각각이다. 산유국 주변의 생태계에 영향을 주지 않으려면 밸러스트 탱크의 물은 정화장치 등으로 정화한 후에 배출하는 배려가 필요하다.

항구 앞바다에 떠 있는 '시 버스'가 하는 일

원유를 운송하는 탱커가 대형이면 작은 항만에는 접안하기가 어렵다. 이때 항구에 들어갈 수 없는 탱커를 위해 만들어진 것이 '시 버스(sea berth)'라는, 앞바다에 떠 있는 항구 같은 시설이다.

시 버스도 거대하다. 예를 들어 지바 현 유가다이 앞바다 8킬로

---

[2] 배가 과도하게 뜨면 프로펠러가 물에 잠기지 않는 등의 문제가 발생한다.

미터 지점에 떠 있는 '게이요(京葉) 시 버스'는 총 길이가 470미터, 폭은 54미터나 돼 흡사 섬이 하나 있는 것 같다. 게이요 시 버스를 이용하는 탱커는 연간 100척 이상. 연간 취급하는 원유는 약 3600만 킬로리터나 된다.

항구 앞바다에 있어 바다 밑 기초공사 시, 수심 20.5미터의 해저에 직경 0.6미터에서 1.5미터의 동 파이프를 255개나 박아 넣었다. 이 동 파이프는 해저 밑으로 30~40미터까지 뻗어 있다. 해수면에 떠 있는 상부에는 하역 시설과 감시실, 플랫폼 등이 있다.

또 직경 약 1.2미터의 파이프라인이 해저를 통해 게이요 공업지대의 정유소 4곳으로 이어져 이 파이프라인을 통해 원유를 싣고 내리는데 파이프라인은 최장 14킬로미터나 된다.

시 버스는 바다에 있어서 만일의 사고로 탱커에서 원유가 유출됐을 때를 대비해 탱커 주변을 오일 펜스로 두르는 등 안전 대책에도 힘을 쏟고 있다.

그러면 이 시 버스를 경유해 정유소로 원유를 보내는 데는 시간이 얼마나 걸릴까.

게이요 시 버스의 데이터가 없어 이마게리 시 기쿠마초의 시 버스를 참고하면 직경 약 70센티미터의 파이프라인이라면 1시간에 1만 킬로리터의 원유를 보낼 수 있다고 한다.

30만 톤급의 탱커를 가득 채운 원유라도 2일이면 하역이 완료되는 것이다. 탱커의 크기나 파이프라인의 굵기에 따라 달라지겠지만 대체로 하역에 걸리는 시간은 1~2일이라고 본다. 그 사이 탱커는 시 버스에 접안한 채로 있게 된다. 이렇듯 대량으로 수입되는 원유는 바다에 떠 있는 거대한 시 버스를 통해 무사히 정유소로 운반된다.

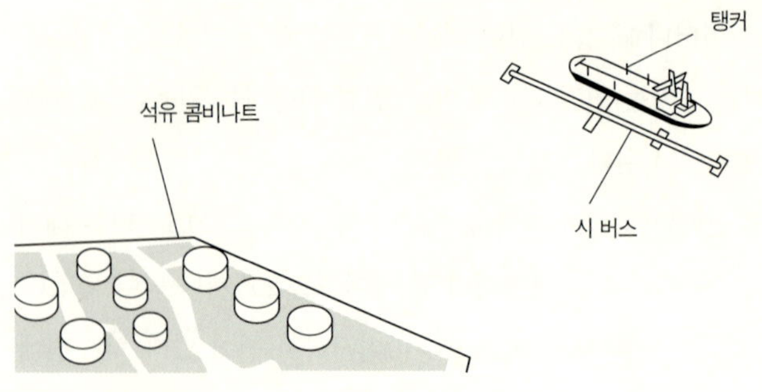

액화천연가스를 옮기는 LNG선이
거대한 '냉동고'인 이유

석유와 석탄을 대신할 화석연료로 주목받고 있는 것이 바로 액화천연가스(LNG)다. 주성분은 탄소 1개와 수소 4개가 결합된 메탄으로 유기화합물 중에서도 가장 단순한 구조다.

LNG가 대체 에너지로 각광받는 이유는 확인되지 않은 매장량이 많을 것이라는 예측과, 석유나 석탄보다 이산화탄소 배출이 적다는 점이다.

일본에서는 석유와 마찬가지로 천연가스도 거의 나지 않기 때문에 수입에 의존한다는 점에서는 석유와 똑같다. 주된 수입국은 인도네시아, 말레이시아, 오스트레일리아로 이 3개국에서 수입하는 양이 전체의 60% 이상을 차지한다.

수입 시에는 전용 LNG선을 사용한다. LNG선의 탱커나 기계에는 초저온을 견딜 수 있는 특수한 소재를 사용한다. 또한 화물을 내릴 때 발생할 수 있는 사고를 방지하기 위한 긴급 차단 장치도 설치한다.

LNG 수송선의 설비가 이렇게 충실한 것은 액화천연가스를 영하 162도로 냉각시켜 운송하기 때문이다. 액화천연가스는 상온에서는 기체다. 그러나 기체 상태로 운송하려면 용기가 커야 하기 때문에 용적이 기체의 약 600분의 1인 액체 상태로 만들어서 옮기는 것이다.

액체로 만들어 부피를 작게 하면 운송효율이 올라가고 경비도 줄일 수 있다. 그런데 액체천연가스의 끓는점은 영하 161.5도. 그러니 영하 162도 이하로 보관하지 않으면 안 된다.

또 LNG선에는 천연가스를 연료로 쓰는 증기 터빈 엔진선이 많다. 그 배들은 운송 중인 액화천연가스를 기화시켜 쓰기에 연료를 따로 싣지 않아도 된다는 장점도 있다.

덧붙여 액화천연가스의 운송은 대부분 파이프라인을 사용하며, LNG선으로 운반되는 것은 전체의 4%에 불과하다. 그중 과반수가 일본으로의 운송이다.

일본의 경우, 파이프라인 정비가 돼 있지 않아서 전적으로 LNG선에 의존하고 있다.[3]

---

[3] 한국 역시 사정은 비슷해서 수입하는 LNG는 모두 LNG 수송선에 싣는다.

'석유화학 콤비나트'는 무얼 하는 곳인가

일본에도 연안부에 석유화학 공장과 정유소, 탱크 등의 석유화학 관련 시설이 몰려 있는 곳이 있다. 이런 공업 지역을 '석유화학 콤비나트'라고 부른다.

콤비나트는 러시아어로 '결합'이라는 뜻이다. 생산성을 향상시키기 위해 원료, 연료 등의 공장 시설을 한 곳에 모은 공업 지역, 기업 집단, 혹은 공업군이다.

2차대전이 끝난 후 기술 혁신에 의해 합성화학 원료는 석탄에서 석유로 바뀌었지만 일본에서는 석유가 거의 나지 않아 수입에 의존해야만 한다. 그래서 구상된 것이 임해형 석유화학 콤비나트다.

대부분의 일본 콤비나트는 바다에 면한 태평양 벨트에 있다. 현재 9개 지역(오이타, 슈난, 이와쿠니-오타케, 미즈시마, 오사카, 욧카이치, 가와사키, 지바, 가시마)에 석유화학 콤비나트 15곳이 있다. 바닷가에 맞닿아 있는 이유는 대형 탱커를 연안에 대고 운반해 온 원유를 바로 하역해 생산에 들어갈 수 있게 한 것이다.

원유는 탱커에서 파이프라인을 타고 그대로 콤비나트로 옮겨져 용도에 따라 정제된다. 각각 중유, 경유 나프타와 같은 화학제품이 돼 석유화학 공장 및 제철소 등으로 보내진다.

탱커로 이루어지는 원유의 대량 운송과 플라스틱 제조 공장을 한 곳에 모은 콤비나트를 건설함으로써 일본은 값싼 플라스틱 제품의 제조를 비롯한 석유화학공업의 발전을 도모할 수 있었다.

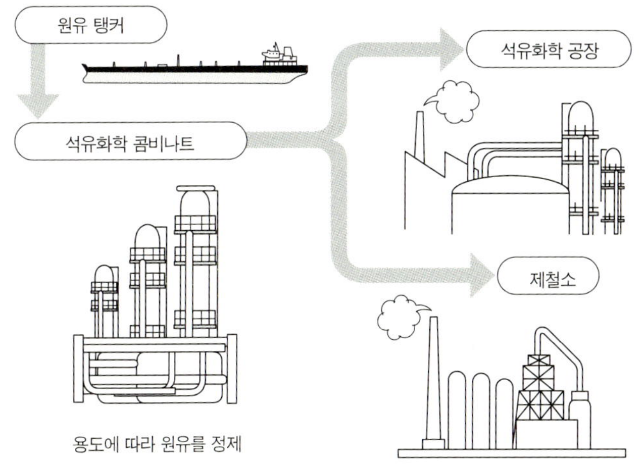

원유 탱크의 지붕은 '오르내린다'

정유소 안에 죽 늘어선 원유 탱크에는 수만~수십 만 킬로리터나 되는 원유가 들어 있다. 그 원유 탱크의 지붕에 재미있는 장치가 있다는 사실을 혹시 아시는지?

실은 탱크 지붕은 원유 위에 떠 있다. 그래서 원유량에 따라 수면이 오르내리면 그에 따라 지붕도 오르내린다. 이렇게 떠 있는 지붕식 탱크를 '플로팅 루프 탱크(floating roof tank)'라고 부른다.

왜 플로팅 루프식이 채택됐는가 하면, 지붕이 원유 수면에 착 붙어 있으면 원유가 대기와 접촉해 화학 변화를 일으키거나 증기로 변해 새나가지 않기 때문이다. 지붕이 고정돼 있을 때는 원유가 탱크에 가득할 때는 상관 없지만 그렇지 않을 때는 공기를 만난 원유가 증기로 변해 날아가버린다.

플로팅 루프식 탱크는 고정식 지붕에 비해 공사비가 많이 든다. 또한 지붕이 오르내리므로 위 아래로 움직여도 고장 나지 않도록 기초공사를 확실히 해야 해서 건설비가 한층 더 늘어나는 단점이 있다.

다만 탱크의 용량이 클수록 고정식 지붕과의 건설비 차액이 적어진다. 원유 탱크가 자꾸 커지는 것은 원유 수요가 많기도 하지만 건설 비용을 조금이라도 싸게 하려는 속셈도 있을 것이다.

덧붙여 플로팅 루프식 탱크의 지붕 철판을 2중으로 할 수도 있다. 지붕을 2중으로 하면 단열 효과가 커지고, 강도도 높아지지만 비용이 많이 든다는 것이 문제다. 그래도 눈이 많은 지역에서는 2중 지붕을 선택한다.

석유를 운송하는 파이프라인

육지에서 석유를 수송할 때 가장 안전하고 편리한 것은 파이프라인[4]이다. 이때는 직경 1미터에 달하는 파이프를 많이 쓴다. 파이프라인의 이점은 대량의 석유를 지속적으로 옮길 수 있다는 것이다. 『알고 계십니까, '석유 이야기'』(가가쿠코교닛보샤化學工業日報社)에 의하면 파이프라인의 운송량은 구경 약 41센티미터 파이프를 기준으로 하루에 2만 킬로리터나 된다고 한다. 이는 유조차 약 2000대가 실을 수 있는 양이니 운송능력이 얼마나 뛰어난지를 알 수 있다.

---

[4] 송유관이라고도 한다.

또한 파이프라인이라면 유조차에 석유를 싣거나 내리는 번거로움도 없고, 교통 정체 등으로 운송이 지연되는 일도 없다.

이렇게 편리한 파이프라인은 크게 두 종류로 나뉜다. 한 줄의 파이프라인으로 여러 가지 기름을 운송할 수 있는 '단관식 파이프라인'과 기름의 종류에 따라 파이프가 다른 '다관식 파이프라인'이다. 통칭 석유라고 해도 용도에 따라서 종류가 달라 이렇게 안배하고 있다.

그렇다면 '단관식 파이프라인'은 어떻게 여러 종류의 기름을 운송할 수 있을까.

여기에는 두 가지 방법이 있다. 하나는 겉에서 보는 파이프는 하나지만 파이프 내부가 여러 가지 기름을 보낼 수 있게 나뉜 것이다. 또 한 가지는 휘발유, 경유, 중유… 하는 식으로 다른 종류의 기름을 차례로 보내는 방식이다.

여기에 더해 만에 하나 파이프라인에 뭔가 불상사가 일어나도 석유가 새지 않게 하는 장치도 여러 가지가 있다. 예를 들어 지진이 많은 일본이라 내진 설계가 돼 있다. 또한 아주 약간의 누출도 없게끔 유량, 압력차 등을 체크하는 누설검사 시스템과 긴급 사태에는 즉시 송유를 중단시킬 수 있는 차단 밸브가 설치돼 있다.

일본에서 석유를 운송하는 여러 가지 방법 가운데 파이프라인이 차지하는 비율은 7%도 안 된다. 이는 파이프라인의 건설비가 비싸기 때문인데, 참고로 파이프라인이 고루 갖춰진 미국은 파이프라인의 운송비율이 40% 이상인 것으로 알려져 있다.

정제된 석유는 어떻게 전국으로 운송될까

탱커로 일본에 들여온 원유는 정유소에서 정제돼 여러 가지 석유제품이 된다. 그런 다음 주유소나 공장 등 일본 전국으로 보내진다.

국내에서 널리 쓰는 운송 수단은 석유류를 운송하는 자동차인 탱크로리다. 교토부 석유협동조합의 홈페이지에 따르면 일본에서는 석유제품의 약 40%가 탱크로리로 옮겨진다. 그간 탱크로리는 대형화를 거듭해 적재효율을 높였으며, 많은 양의 석유제품을 한 번에 옮길 수 있도록 만들어졌다. 예를 들어 2005년도 탱크로리 한 대의 운송량은 1990년도에 비해 130% 증가한 것이라 한다.

탱크 내부는 6~7개의 통으로 나뉘어 일반 휘발유, 고급 휘발유, 경유, 등유 등 여러 종류를 동시에 싣는다. 보통 휘발유부터 고급, 등유 등 여러 가지 석유제품을 취급하는 주유소에는 이런 구조의 탱크로리가 매우 유용할 것이고 또 한 번에 여러 종류의 석유제품을 실으니만큼 모든 탱크를 가득 채운 상태로 움직여 운송비도 절약할 수 있다.

어쩌면 주변에서 가장 자주 보는 탱크로리가 전체 석유 수송량의 40%밖에 소화하지 못한다는 점을 의아하게 생각하는 사람도 있을 것이다. 나머지 60%는 어떤 방법으로 옮겨지는 걸까?

미국 등지에서는 파이프라인을 통한 석유 수송이 일반적이지만 일본에는 파이프라인이 거의 설치돼 있지 않다. 화력발전소나 석유화학 공장 등 다량의 석유를 필요로 하는 곳에서는 직접 파이프라인을 깔아 운반하는 경우도 있으나 이는 특별한 케이스라고 할 수 있다.

사실은 탱크로리보다 더 비중이 큰 수송방법은 국내 수송용 탱커를 이용하는 것이다. 내항 탱커의 수송량은 전체의 약 46%에 달한다. 탱커는 외국만 오가는 듯한 느낌이 들지만 국내에서도 활발하게 쓰인다. 나머지는 탱크차로 약 3%. 그 외 화물차 등으로 운반되는 경우도 있다.[5]

휘발유는 어떻게 유통되는가

석유업계는 개발업, 정제업, 판매업 3가지로 분류할 수 있다. 그 중에서 우리 생활과 밀접한 관계에 있는 석유제품 판매업을 보자. 석유제품 판매업에는 도매회사[6]와 휘발유 등의 석유제품을 구입해 소비자와 공장 등에 판매하는 특약점[7], 판매점이 있다.

휘발유 판매의 경우, 도매회사→ 특약점→ 판매점→ 소비자가 일반적인 흐름이다.

도매회사는 석유제품을 계열사의 특약점이나 판매점에 넘긴다. 이때 도매회사들이 자기 브랜드를 붙여 판매는 하지만 사실 석유제품의 품질이 도매회사에 따라 크게 다른 것은 아니다.

특약점이란 흔히 말하는 중개업자로 도매업체로부터 사들인 석유제품을 운송업자나 직영 또는 계열사의 판매점에 판매한다.

판매점은 소비자에게 판매하는 소매점, 즉 주유소를 말하는데

---

[5] 대한송유관공사에 따르면, 우리나라의 국내 석유 운송 수단은 2009년 현재 파이프라인이 약 56%를 차지하며, 탱크로리와 탱커가 나머지를 담당하고 있다.
[6] 일본과 마찬가지로 우리나라에서도 정유회사가 도매업까지 겸하며 직영 주유소를 통해 소매업에까지 진출해 있는 경우가 많다.
[7] 한국의 대리점에 해당.

특약점이 경영하는 경우도 많다. 대체로 하나의 도매회사와 계약해 이데미쓰, 코스모석유 등 도매업체의 이름으로 판매하고 있다.

도매업체의 간판을 크게 내건 경우가 대부분이어서 판매점 이름보다는 '도매업체 이름'으로 인식하는 사람이 많을 것이다. 이 외에 도매업체가 직접 판매하는, 이른바 자회사의 주유소도 있다. 이는 석유업계의 규제 완화와 더불어 증가하는 추세다. 그 수는 아직 주유소 전체의 20%에 불과하지만 개인이 하는 주유소가 전국에서 연간 1000곳 정도 폐업하는 등 고전하는 것에 비해 자회사 영업점 판매는 최근 10년 동안 3배 가까이 늘었다. 그 배경에는 도매업체가 자회사에는 석유를 싸게 넘기는 것도 원인으로 작용한다.

또한 최근에는 도매업체 계열사가 아닌 '프라이빗 브랜드'의 주유소도 증가하고 있다. 바로 도매회사의 간판을 걸지 않은 주유소들이다. 바야흐로 주유소도 경쟁 시대에 돌입했다. 인구가 적은 지역의 주유소는 점차 자취를 감추고 있는 상황이며 이를 이겨내기 위해 가격을 낮추고, 편의점을 병설하고, 점검 서비스를 실시하는 등 다양한 방법으로 생존의 길을 찾고 있다.

제트기 연료는 등유

점보제트기는 기체와 승객 합해서 무게가 350톤 가까이나 되는데, 과연 연료는 어떤 것을 사용할까. 사실 점보제트기 연료는 석유난로 등에 쓰는 등유와 같은 종류다.

제트기에 사용되는 연료는 제트 연료라고 하며 크게 케로신 계열과 와이드컷 계열의 두 가지가 있다. 그중 케로신 계열은 등유와

거의 같은 성분으로 순도가 등유보다 훨씬 높고 가볍다. 40도 이상
이 아니면 불이 붙지 않아 잘 타지 않는 것이 특징이어서 민간항공
기나 소형 제트기에 사용한다.

한편 와이드컷 계열은 나프타와 등유를 혼합한 것으로 저온에서
도 발화가 쉽고 고온에서의 착화성이 우수해서 주로 군사용 제트
기에 이용된다.

같은 항공기라도 제트기가 아닌 프로펠러기인 경우에는 휘발유
를 쓴다. 이는 경유를 정제한 것으로 자동차용 고급 휘발유보다 고
품질로 순도가 높고 열화가 잘 되지 않아 기화성이 뛰어나다.

항공기 연료의 품질이 특히 중요시되는 것은 만에 하나, 연료에
문제가 생겨 엔진이 멎는 일이 생기면 바로 추락이기 때문이다. 자
동차라면 차가 멈추면 상황 종료지만 항공기는 그렇지 않다.

항공회사가 몰두하고 있는 연료 절약 방법

원유 가격이 급등하면서 일반 시민이나 운전자들뿐만 아니라 항
공회사의 조종사들도 연료 절약에 애쓰는 상황이다.

예를 들어 공항에서는 일부 엔진에 시동을 걸지 않게 하는 것이
다. 이륙허가를 받은 항공기는 견인차에 끌려 유도로까지 가게 되
는데 이때 견인차로부터 분리되기 직전까지 엔진을 켜지 않도록
하고 있다. 불과 몇 분 동안이기는 하나 티끌모아 태산인 것이다.
나아가 활주로 주행 시에도 가능한 엔진을 빠르게 회전시키지 않
는다. 활주로가 내리막길이라면 이를 활용하는 것이다.

이륙 후 비행기가 수평 비행 모드로 들어선 다음에도 조종사의

눈물겨운 노력은 계속된다. 비행기는 비행 루트와 고도가 정해져 있어 목적지까지 직선으로 날아가는 경우가 없다. 그러나 조종사는 지름길을 택하거나 맞바람이 세게 부는 코스를 피해 연료를 절약할 수 없을지를 계속 검토한다. 물론 이러한 루트 변경은 어디까지나 관제탑의 허가를 받은 다음에 이루어지는 것이라 그만큼 신중해야 하는 일이긴 하다.

그리고 착륙 시에는 가능하면 주기장에 가까운 활주로에 착륙하거나 지상 주행 시에는 여러 개의 엔진 중 하나는 정지시켜 마지막의 마지막까지 절약 주행을 위해 노력한다.

연료 절약의 필요성을 조종사보다 더 절실히 느끼는 것은 항공회사로 연료 비용이 높아지면서 경상이익 손실이 심각한 문제가 됐다. 이와 관련, 고심 중인 것이 항공기의 다이어트다. 다양한 수단으로 항공기 중량을 줄이면 그만큼 연비가 높아지기 때문이다. 예를 들어 기내 좌석시트나 식기를 가벼운 소재로 바꾸는 것이다. ANA항공은 플라스틱제의 신형 시트를 도입했다. 현재 60% 정도 도입 완료됐으나 100% 완료되고 나면 총중량의 5% 정도를 감량할 수 있을 것이라 한다. 나아가 기내 음료의 탑재량과 식기 소재를 바꾸는 것으로 한 대에 130킬로그램 경량화에 성공했다.

또한 예전에는 필요한 양보다 더 많은 음료를 여러 가지 실었으나 지금은 인기 브랜드만 싣는다. 또한 JAL은 화물 전용기는 페인트를 칠하지 않기로 했다. 페인트를 칠하지 않는 것만으로 150킬로그램이나 가벼워지기 때문이다. 그 외 미국 콘티넨탈 항공은 메인 날개 끝부분을 접어 올리는 것으로 기체의 공기 저항을 줄여서 연간 30만 리터의 연료를 절약하고 있다.

탱커 사고로 유출된 석유는 어떻게 처리될까

탱커에서 석유가 유출되는 사고가 전 세계 곳곳에서 일어난다. 해사산업연구소의 조사에 따르면 1995~1999년의 5년간 연 평균 석유유출량은 4만 톤에 이른다.

석유가 바다로 유출되면 당연히 환경이 심각하게 파괴된다. 1989년 미국 알래스카 앞바다에서 탱커가 좌초해 석유가 유출되는 사고가 났다. 4만 킬로리터의 원유가 흘러 연안 일대가 오염돼 만에 살던 바다오리의 30%가 죽고 강치 등의 개체수도 감소했다.

사고 이후 수년이 지나도록 줄어들었던 어획량은 늘지 않고 사고 후유증으로 보이는 현상도 확인되고 있다.

석유 중에서도 중유는 발암 가능성이 있는 화학물질을 함유, 생태계 균형을 깰 것이라는 우려를 낳고 있으며 장기적인 영향에 대해서는 해명되지 않은 부분이 많아 앞으로 상상을 초월하는 심각한 사태가 벌어질지도 모른다.

그러한 피해를 최소화하기 위해서 유출된 석유는 힘닿는 데까지 처리해야 한다. 일반적인 처리법은 계면활성제를 주성분으로 하는 기름처리제를 뿌리는 것이다. 기름처리제를 뿌리면 유출된 기름이 작은 알갱이로 분해되고 그 알갱이를 바다 속 미생물이 섭취해 자연으로 돌려보낸다.

그러나 이 방법에는 문제가 있다. 기름처리제에는 독성이 있어 그 자체가 환경을 오염시키는 것이다. 기름처리제의 주성분인 계면활성제가 생물에 들러붙으면 유해한 화학물질을 흡수하기 쉽게 된다. 이는 식물성 플랑크톤과 조개의 번식을 막아 생태계에 영향을 끼친다. 즉 유출된 석유를 그대로 둬도 환경이 파괴되고 기름처리제를 뿌려도 환경이 파괴되는, 진퇴양난의 상황이 되는 것이다. 그래서 일본 해상보안청은 일본 근해에서 석유가 유출된 경우에는 앞바다 부근에 유출된 기름에 한해서만 기름처리제를 뿌리도록 했다.

그러는 한편 연안의 기름은 사람들이 직접 퍼내 전문 처리업자에게 넘긴다. 처리업자는 회수한 기름을 모아 바닷물과 기름이 분리되는 것을 기다려 처리한다.

유전 화재는 누가 어떻게 끌까

유전에 화재가 나면 그곳은 상상도 할 수 없는 지옥으로 변한다. 불기둥은 높이 수십 미터씩 솟구치고 중심 온도는 3200도나 된다. 주변 온도도 200도는 돼 반경 100미터 이내에는 접근할 수가 없다.

그러면 유전에 불이 나면 누가 어떻게 끌까?

답은 유전화재 전문소방관인 '헬파이터'들이다. 그들은 다이너마이트에 탱크, 전투기 제트 엔진을 탑재한 소방 기계 등 전문적인 기계를 사용해 불을 끈다.

우선은 현장에서 화재 상황을 확인한다. 보통사람들은 100미터 이내에도 접근하지 못하지만 이들은 중심에서 5미터 지점까지 들어가 세세히 정찰한다. 정찰을 맡은 이는 대량의 물을 뿌리는 살수 담당이 옆에서 지원한다. 대량의 물을 뿌리지 않으면 200도의 열로부터 신체를 보호할 수 없기 때문이다.

상태를 분석하고 소방 플랜을 세우면 우선 밸브 주위에 널려 있는 잔해와 콜타르 등을 대형 크레인으로 제거한다. 상황에 따라서는 탱크를 써서 콜타르가 들러붙은 밸브를 통째로 폭파시킬 수도 있다.

이렇게 한 차례 주변 제거 작업을 마치고 불기둥이 똑바로 올라오게 되면 다이너마이트를 터뜨린다. 다이너마이트가 터지면 주위의 산소가 단숨에 날아가 불길이 꺼지는 것이다.

이 작전이 성공해 불길이 꺼졌다고 일이 끝난 게 아니다. 불길은 꺼졌어도 밸브가 없어진 분출구에서 원유가 지표 위로 힘차게 분출하고 있기 때문이다. 그러니 분출구에 새 밸브를 달아 원유 유출을 막아야 한다.

분출하는 원유의 위력은 어마어마해 만에 하나 직접 닿으면, 사람 정도는 간단히 날려버린다. 새 밸브가 제대로 연결되기까지 방심해서는 안 되는, 목숨을 건 작업인 것이다.

만일에 다이너마이트 폭발로도 불이 꺼지지 않을 정도로 큰 화재라면 불 붙은 밸브를 거대한 파이프로 감싼 다음 대량의 물을 부어 온도를 낮추는 등 다양한 소화법을 활용한다.

참고로 헬파이터 회사는 전 세계에 10여 곳 있으며 모두 900명 정도의 헬파이터들이 활동하고 있다고 알려졌다. 1991년 걸프 전때는 727군데의 유전 화재를 9개월 동안 껐는데, 그 당시 쿠웨이트 정부는 헬파이터들에게 총 1조7000억 원이나 되는 돈을 지불했다고 한다.

chapter 6

신 에너지와 환경 문제의 핵심

신 에너지와 환경 문제의 핵심

신 에너지를 둘러싼 나라별 대응

온난화를 비롯해 지구 환경의 변화가 현저한 요즘이다. 이를 배경으로 석유 등의 화석연료에서 벗어나 신 에너지의 도입이 중요한 과제로 떠오르고 있다.

신 에너지란 '기술적으로 실용화 단계에 도달했으나 경제성 면에서는 충분하게 보급되지 않은, 특히 화석연료를 대체할 수 있는 에너지'로 정의된다.

구체적으로는 태양광 발전, 풍력 발전, 수소에너지, 바이오 연료 등 다양한 자원이 있다. 신 에너지의 장점으로는 친환경적인 클린 에너지라는 점과 석유 소비량을 줄일 수 있다는 점, 종류도 많고 이용방법도 다양하다는 점 등을 들 수 있다.

이미 세계 각국에서 새로운 에너지를 도입하려는 움직임이 시작됐다. 화석연료를 대량으로 보유해 세계 에너지의 패권을 쥐고 흔들던 중동의 여러 나라, 이들을 대신해 새로운 패권을 휘두를 신 에너지 강국은 어디가 될까. 그 자리를 둘러싼 격렬한 다툼이 일어나고 있다.

예를 들어 아이슬란드에서는 정부가 적극적으로 관여해 수소사회를 지향하는 움직임이 활발하다. 수소사회란 수력 발전이나 지열 발전 등 자연에서 만들어지는 전력을 사용해 물을 전기분해하여 수소를 생산하고, 그 수소를 공중의 산소와 반응시켜 전기를 만든 다음 이를 에너지로 이용하는 사회다. 이 원리를 이용한 연료전지를 도입해 가까운 장래에 국내의 모든 자동차를 연료전지로 전환하려는 구상이 이미 시작돼 2050년에는 화석연료를 일절 쓰지 않는 사회를 만들 것이라고 한다. 그렇게 되면 아이슬란드는 수소에 기반한 에너지 수출국이 될 가능성이 있다.

한편 아프리카에서는 바이오 연료에 관심을 갖고 있다. 모잠비크를 비롯한 잠비아, 앙골라, 탄자니아 등에서는 빈곤 대책과 외화 획득을 동시에 노릴 수 있는 옥수수 재배에 적극적이다. 다만 옥수수 같은 농작물을 바이오 연료로 사용해버리면 그만큼 식량이 부족해질 위험성이 있다는 것이 문제다.

현재 세계에서 바이오 연료의 양대 산맥은 미국과 브라질이며 여기에 아프리카 여러 나라가 얽혀 다툼이 심해지고 있으며 신 에너지 사용에 적극 나선 독일은 태양광 발전과 풍력 발전이 세계 1위의 수준임을 자랑하고 있다.

일본이 탐내는 '메탄 하이드레이트'란

에너지 자원이 부족한 일본은 석유를 비롯해서 에너지의 해외 의존도가 높다. 그래서 국제분쟁 등의 해외 상황에 따라 에너지의 안정적 공급에 지장이 생길 우려가 있다는 점을 전부터 지적해왔다.

그러나 미래에는 의외로 그런 일본이 자원대국이 될 가능성이 있다.

그런 기회를 가져다 줄 것은 바로 메탄 하이드레이트라는 물질이다. 메탄 하이드레이트는 '불타는 얼음'이라고도 불리는, 얼어붙은 불 분자 틈에 새들어간 셔벗 형태의 메탄 분자다.

원래는 수백만 년 전에 퇴적된 플랑크톤 등의 유기물에서 천연가스의 주성분인 메탄이 생성돼 얼음 결정 속에 새들어가 만들어진 것이다. 고압, 저온 상태에서 안정적으로 존재하며, 시베리아, 캐나다, 알래스카 등의 동토 밑이나 수심 1000미터 근방의 해저 지층에 존재한다.

또한 일본 주변의 바다에도 이전부터 메탄 하이드레이트가 매장된 것은 아닐까 하는 목소리가 있었다. 그런 가운데 1996년 구 통산성의 조사는 일본 근해에 막대한 메탄 하이드레이트가 묻혀 있다고 보고했다. 그 양은 국내 천연가스 소비량의 100년분에 해당한다는 것이었다. 그 뒤 지진 조사 등에 의해 일본 근해에는 확실히 메탄 하이드레이트가 대량으로 존재한다는 사실이 밝혀졌다.[1]

메탄 하이드레이트는 태워도 지구온난화의 원인이 되는 이산화탄소의 배출양이 석탄이나 석유보다 훨씬 적다. 이런 이유 때문에 친환경적인 클린 에너지로 여겨지고 있다.

그렇게 우수한 자원이라면 지금 당장 개발하는 게 좋지 않을까 생각하겠으나, 현실은 그렇지 않다. 기술적인 문제와 경제성이라는 측면에서 몇 가지 장벽이 실용화를 막고 있다.

가장 큰 난관은 심해에 묻힌 메탄 하이드레이트를 어떻게 채취

---

[1] 이곳은 다름 아닌 독도 근해로서, 일본이 독도 영유권을 주장하는 이유 중의 하나가 바로 이 메탄 하이드레이트 때문이라는 것은 이미 잘 알려진 사실이다.

할 것인가다. 석유 같은 액체나 천연가스 같은 기체에 대해서는 이미 채취법이 확립돼 있다. 그러나 메탄 하이드레이트를 채취하려면 수심 1000미터나 되는 해저에서 수백 미터 더 들어가서 얼음 결정을 파내야 한다. 파낸 것을 흙째로 지상으로 가져오면 막대한 비용이 드는 데다 환경을 파괴할 위험성이 높다. 게다가 얼음이 녹으면서 생기는 메탄은 가스가 돼 체적이 땅속에 있을 때의 100배 이상으로 팽창해버린다.

그래서 현재 고안 중인 것은 지층의 압력을 낮추거나 가열해서 메탄 하이드레이트를 분해, 가스 형태로 추출하는 방법이다. 그러나 이것도 기술이나 비용 때문에 실용화되지 못하고 있다.

그러한 가운에 독립행정법인인 석유천연가스·금속광물자원기구(JOGMEC)가 땅속에서 메탄 하이드레이트를 연속으로 산출하는 실험에 세계 최초로 성공을 거둬 2018년 상업화를 목표로 연구에 정진하고 있다(「닛케이 신문」2008년 4월 8일자).

화제의 '바이오에탄올'은 정말로 대체 에너지가 될 수 있을까

석유를 사용한 연료는 이산화탄소를 배출해 환경을 파괴한다. 또한 매장량에도 한계가 있다. 이런 점들을 이유로 최근 석유를 대신할 연료로 시선을 끄는 것이 바이오 연료다.

그 중에서도 휘발유를 대신할 자동차 연료로 주목받는 것이 '바이오에탄올'이다.

바이오에탄올은 옥수수나 사탕수수 등의 식물에서 만드는데 석유 연료와 달리 이산화탄소의 배출량은 제로라고 본다. 사실 바이오에탄올을 태우면 이산화탄소가 발생하긴 하는데 그 이산화탄소는 다른 식물이 광합성으로 흡수해 결과적으로는 이산화탄소가 늘어나지 않기 때문이다. 또한 유황 성분이 없어 유황산화물 배출도 제로이며 일산화탄소와 탄화수소도 적다는 이점이 있다.

이런 이유로 세계적으로 바이오에탄올 생산이 급증하고 있다 특히 미국에서는 2005년의 생산량이 1500만 킬로리터로, 미국내 휘발유 소비량의 3%나 된다. 미국 정부는 2012년까지 휘발유 소비량의 7% 정도로 생산을 늘릴 계획이며 이를 위해 우대세제 등도 마련했다.

또한 브라질에서는 주유소에서 의무적으로 바이오에탄올을 판매하며 바이오에탄올을 연료로 쓰는 자동차가 이미 15%나 된다. 브라질은 광대한 국토에서 생산하는 사탕수수가 많아 바이오에탄올을 중요한 수출품으로 만들려고 한다.

일본에서도 2010년까지는 바이오에탄올을 섞은 휘발유를 보급한다는 목표를 세우고 2003년부터 사탕수수를 원료로 한 바이오에탄올이 최대 3% 섞인 휘발유의 판매를 허용, 아마가타 현 신조시 등지에 해당 휘발유를 도입했다. 오키나와에서는 이미 바이오에탄올 생산에 들어갔다.

그러나 보급까지는 넘어야 할 산이 많다. 우선 바이오에탄올은 휘발유와 비교해서 경비가 많이 든다. 경제산업성 산하 자원에너지청에서는 휘발유 1리터의 수입가를 같은 열량의 바이오에탄올과 비교해 바이오에탄올이 수십 엔 비싸고 그만큼 소매가격도 비쌀 것이라는 예상을 내놨다.

또한 바이오에탄올은 발열량이 휘발유 자동차의 60% 정도라 연비가 나쁘다는 지적도 있다.

안정 공급도 큰 과제다. 현 상태로는 바이오에탄올을 수출할 수 있는 나라는 브라질뿐이고 가격도 불안정한 상태다.

최근 몽골에서 유채꽃을 재배해서 씨앗에서 바이오디젤 연료를 만드는 계획을 세우고 작업에 들어간 일본인이 있는데 바이오에탄올에 대해서도 동남아시아 등과 협력해 안정적인 공급처를 확보해야 한다.

현재 세계 각지에서 바이오 연료의 원료가 되는 작물을 재배하는 붐이 일어 타이, 라오스 등지에서는 바이오 연료의 원료가 되는 카사바(cassava)라는 작은 나무 재배가 활발하다. 이는 종래의 화전 농업에서 탈피해 현금 수입을 늘릴 수 있어서 크게 환영받고 있다.

그러나 바이오 연료용 작물 재배가 확산되면서 부정적인 측면도 드러나기 시작했다. 지금까지 콩과 같은 다른 작물을 재배하던 미국의 농가가 모두 연료용 옥수수 재배에 나서는 바람에 옥수수는 풍작인데도 정작 식품용 옥수수 가격이 오르고 있는 것이다. 이는 나아가 식품가격을 인상시킬 거라는 우려를 낳고 있다.

또한 남미 아마존 유역에서는 사탕수수밭이 확산되면서 환경을 파괴하고 노동 현장에서 현지 원주민들이 저임금으로 일하게 되는 문제도 생겼다.

그런 가운데 영국에서는 한 항공회사가 바이오 연료를 이용하여 실험 비행을 해보는 등, 바이오 연료의 새로운 사용법도 등장하고 있다. 다양한 문제를 안고 있지만 바이오에탄올의 보급은 앞으로도 계속될 듯하다.

오늘날 주목받고 있는 수소 에너지의 장점

석유를 대신할 또 다른 에너지로 주목을 끄는 것이 수소다. 연료로 생각할 때 수소는 석유보다 우수한 점이 많다.

우선 수소는 석유나 석탄처럼 이산화탄소를 배출하지 않는 클린 에너지다. 수소를 사용한 연료전지차는 수소를 태우는 대신 공기 중의 산소와 화학반응시켜 그때 발생한 전기를 에너지로 쓴다. 연료를 태우지 않기 때문에 대기를 오염시키지도 않는다.

수소와 산소가 결합해 물이 생기고 그 물은 발전 시에 생기는 열에 의해 증기가 돼 배기관을 통해 나온다. 물론 그 수증기는 무해하며 이산화탄소와 달리 지구온난화의 요인이 되지도 않는다.

게다가 에너지 효율도 좋다. 수소를 연료로 하는 차의 에너지 효율은 휘발유 차의 약 3배다. 하이브리드 자동차와 비교해도 1.5배의 연비를 기대할 수 있다.

더욱이 수소는 어디서든 에너지로 바꿀 수 있는 데다 석유나 석탄처럼 고갈될 일도 없으니 거의 영원히 쓸 수 있는 연료라 하겠다.

이렇게 좋은 수소라면 지금 당장 석유와 교체될 것 같은데, 현실적으로는 그렇지도 않다. 그것은 수소를 만들려면 엄청난 비용이 들기 때문이다.

현재 수소를 생산하는 방법에는 두 가지가 있다. 하나는 탄화수소를 화학적으로 분리해 만드는 방법, 또 하나는 전기분해로 만드는 방법이다. 현재는 90% 이상이 탄화수소를 분리시켜 만든다.

탄화수소를 화학적으로 분리시켜 수소를 생산하려면 원료로 화석연료를 써야 한다. 즉 수소를 많이 만들려면 그만큼 많은 화석연료가 필요하다. 또 전기분해를 하려면 전기가 필요한데 그 전기를 만들 때도 석유나 천연가스가 필요하다.

나아가 수소로부터 발생하는 에너지는 지극히 적어서 1세제곱미터 당 발열량은 메탄가스의 3분의 1, 프로판가스의 약 8분의 1밖에 되지 않는다. 그런 탓에 수소를 연료로 이용할 때에는 체적당 발열량을 높이기 위해 압축수소 봄베 및 액체수소용기에 채워서 저장, 운송해야만 한다.

이러한 점 때문에 수소를 실제로 에너지로 사용할 경우에는 가격이 상당히 비싸진다. 1리터에 100엔인 휘발유와 비교해서 약 1.4배는 될 것이라고도 한다.

그런데 실제로 수소 에너지를 적극적으로 사용하는 나라가 있다. 아이슬란드는 연료전지를 장착한 버스나 배를 운행하는 등 정부가 외국 기업과 공동으로 수소 연료를 적극적으로 도입하기 시작했다.

일본에서도 자동차 회사들이 연료전지차의 실용화 연구를 시작했고 석유회사도 수소 주유소를 운영하거나 재해 시의 발전에 수소를 이용하는 실험에 들어갔다.

지금 당장 석유를 대체하지는 못하더라도 장래에는 실용화를 기대할 수 있는 에너지임에는 틀림없다.

새로운 석유자원 '오일샌드'란

캐나다와 베네수엘라에서 개발되고 있는 석유자원이 '오일샌드'다. 최근 이 오일샌드가 신 에너지로 주목받고 있다. 오일샌드란 지표 가까이 분포하는 사암층에 있는 중질유를 품은 모래다. 이 중질유는, 땅속 깊은 곳에서 생성돼 지각 변동 등에 의해 지표 부근까지 밀려 올라온 석유에 지하수와 박테리아 등이 작용해 타르로 변질된 것이다.

전 세계 매장량은 약 2조 배럴이라고 하며 그중 44%가 캐나다에, 50%가 베네수엘라에 있다.

오일샌드는 노천 굴착 혹은 지하 채취법으로 채취한다. 지표 부근에 매장된 경우에는 파낸 사암층을 거대한 세탁조로 보내 뜨거운 물과 용해제를 뿌려 타르를 추출한다.

한편, 매장된 곳이 깊으면 지하 채취법이 필요하다. 이는 땅 속에 고온의 수증기를 넣어 사암층을 열분해하고 해체된 타르를 추출하는 방법이다. 그러나 새로운 기술이라 채취하는 데 비용이 많이 든다. 두 방법 모두 분리 과정에 대량의 물과 천연가스가 필요한데 이 역시 비용을 끌어올리는 이유가 된다.

또 오일샌드를 추출할 때 대량의 모암을 채취하는 데다 분리 공정에 이산화탄소와 토사가 대량으로 나와 환경을 파괴할 가능성도 있다. 이렇게 정제가 어렵다는 이유로 지금까지 오일샌드 활용을 꺼렸던 것이다.

그러던 것이 세계적인 고유가로 인해 새로운 에너지 후보가 됐다. 특히 캐나다의 앨버타 주에서 적극적으로 개발에 나섰다. 앨버타 주에는 정제하면 1750억 배럴이나 되는 오일샌드가 있다.

이는 2590억 배럴의 석유 매장량을 자랑하는 사우디아라비아에 버금가는 양이다. 세계적인 석유회사가 투자를 하면서 앨버타 주에서는 오일샌드로부터 원유 생산량이 급증하고 있다.

이와 더불어 경비를 절감하고 환경 파괴를 방지하기 위한 대안도 진행되고 있다. 캐나다의 에너지 전문업체인 '선코에너지'에서는 정제 과정에 폐수를 이용하거나 지하채취법으로 땅 속에 주입한 수증기를 재이용하는 등 경비 삭감 외에 지구온난화 방지를 위한 궁리를 계속하고 있다. 이들은 캐나다 정부의 도움을 받아 다른 에너지 관련 기업과 공동으로 이산화탄소를 회수하고 땅 속에 체류시키는 방안 등을 연구하며 앞으로도 결점을 보완하는 노력을 계속하면서 오일샌드 개발에 한 걸음 더 나아갈 듯하다.

다시금 세계에서 석탄 이용이 증가하는 이유

에너지 자원의 왕좌를 석유에 내어준 석탄이 최근 다시금 주목받고 있다. 가장 큰 이유는 매장량 때문이다.

석탄은 전 세계에 널리 분포해 있으며 총 매장량은 어림잡아 1조 톤. 이는 화석연료 중에서도 압도적인 양으로 200년 넘게 쓸 수 있는 양이라고 짐작한다. 또 석탄 생산국들은 정치 상황이 안정돼 있어서 장기적이면서도 안정적인 공급이 가능할 것이라 보는 데다

가격도 석유 등에 비해 변동이 적다.

이런 점 때문에 세계 각국에서 석탄 이용이 늘고 있다. 특히 자급이 가능한 나라에서는 차츰 석탄을 더 많이 이용하고 있다.

세계에서도 석탄 소비가 많은 곳은 중국, 인도 등이며 미국, 독일, 영국도 석탄 의존도가 높다. 일본은 어떠한가. 다른 선진국에 비하면 적지만 일본도 역시 소비량이 늘어나고 있다.

일본의 1차 에너지에서 석탄이 차지하는 비율은 현재에도 약 20%로 1970년 당시와 다르지 않다. 최근 수년 동안 발전용 석탄 소비량도 계속 늘어 2000년부터 2005년까지의 5년 사이에 43%나 증가했다.

다만 일본 국내의 석탄은 가격이 비싸고 양적으로도 한계가 있는 탓에 국내에서 소비되는 석탄의 반 이상은 세계 최대의 석탄 수출국인 오스트레일리아에서 수입한다.

이렇게 일본의 석탄 소비가 늘어난 배경에는 에너지의 90%를 중동 석유에 의존하는 것은 위험하며 에너지 수입선의 다양화를 도모해야 할 것이라는 생각이 있다.

또한 기술 개발에 의해 발전 효율이 현격하게 좋아진 점도 석탄 소비량을 늘리는 요인이 되고 있다.

그러나 석탄에는 문제점도 있다. 연소할 때에는 이산화탄소 등의 온난화 가스를 화석연료 중에서도 가장 많이 배출한다. 사방에서 지구온난화 방지를 외치는 가운데 무조건 석탄 소비를 늘리면 온난화 가스도 늘어 지구 환경에 악영향을 끼친다. 이런 문제를 어떻게 해결할 것인지가 차후 석탄의 운명을 좌우할 것이다.

세계 에너지 수요는 앞으로 어떻게 변할 것인가

　세계의 총 에너지 생산은 약 4000억 MMBTU(천연가스 열량 단위의 일종)다(「EIA International Energy Annual」 2000년). 일본의 에너지 소비량은 석유로 환산해 5억 3320만 톤(2004년)에 달한다.

　그러면 일본에서 소비되는 에너지 중 석유가 차지하는 비율은 어떻게 변화할까?

　종합 에너지 통계에 의하면 1차 에너지 중 석유가 차지하는 비율은 1970년 시점에는 71.9%였으나 2003년에는 48.9%로 줄어들었다.

　이는 석유 소비량이 줄어든 것이 아니라 에너지 전체 소비량이 늘어났기 때문에 석유가 차지하는 비율이 줄어든 것일 뿐 실제 석유 소비량은 매년 증가하는 경향을 보인다. 한편으로 2번에 걸친 오일쇼크를 경험하며 선진국을 중심으로 석유 이외의 에너지원이 개발된 탓도 크다.

　그러면 앞으로 세계 에너지 수요는 어떻게 될까?

　IEA(국제에너지기구)의 『세계 에너지 전망 2007』에 의하면 전제 조건에 따라 계산이 달라지는데 지금과 같은 식으로 에너지원을 사용한다고 가정했을 경우, 2030년에는 1차 에너지 공급량이 2005년에 비해 55%나 증가하게 된다.

　이와 더불어 이산화탄소 배출량은 57% 증가할 것이라고 한다. 특징으로는 석유의 비율은 35%에서 32%로 약간 감소하나 대신 석탄의 비율이 25%에서 28%로 증가한다는 점이다. 또한 2030년 에너지 수요의 40% 이상을 중국과 인도가 차지할 것으로 예측된다.

　일본 외무성의 에너지 기초 통계에 따르면 2000년도에 원유 환산 5억8800만 톤이던 1차 에너지 공급량은 2030년에는 6억700만 톤이 된다.

에너지원의 내역을 보면 2000년도에는 50%를 점했던 석유가 2030년에는 42%가 되고 천연가스, 원자력, 신 에너지가 각각 조금씩 증가할 것이란 예측이 나온다.[2]

● 일본의 1차 에너지 공급 전망

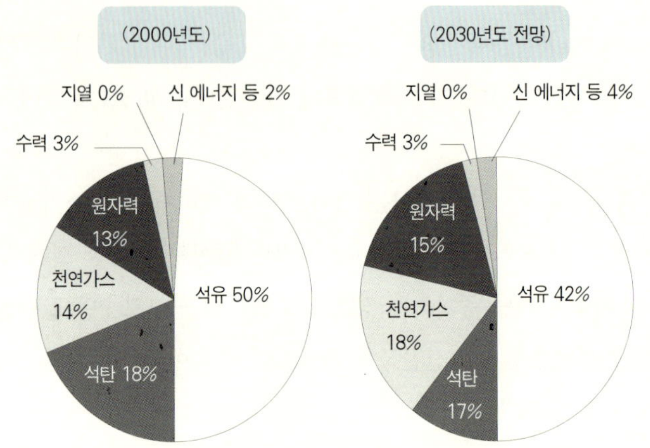

*소수점 이하는 반올림했으므로 합계가 100%가 되지 않는 경우도 있음

(출처: 외무성 홈페이지)

화석연료가 지구온난화를 일으키는 구조

석유를 에너지로 사용하면 환경 문제를 일으킨다고들 한다. 특히 최근 자주 지적되는 것이 지구온난화다.

---

[2] 한국에서는 산업자원부에서 「신재생 에너지 백서 2008」을 낸 바 있으며 이에 따르면 한국의 경우 2006년 1차 에너지 중 석유가 차지하는 비율은 43.6%로 2030년까지 34.2%로 삭감할 예정이다.

그러면 석유 등의 화석연료는 왜 지구온난화를 일으키는 것일까? 그 구조를 보자.

지구온난화는 대기 중에 있는 이산화탄소, 수증기, 오존, 메탄 등 '온실 가스'의 농도가 높아지면서 나타난다. 이들 온실 가스는 적당한 농도라면 온실의 유리처럼 지구 온도를 동식물이 살기 편한 상태로 유지시킨다.

그러나 농도가 짙어지면, 지구의 열을 우주로 방출해 더워진 지구를 식혀줄 적외선의 활동을 막아 지구 표면의 대기와 바다의 평균 온도가 상승하고 온난화가 일어나는 것이다.

온실 가스 중에서도 온난화에 크게 영향을 끼치는 것이 이산화탄소로 지구온난화 원인의 절반을 차지한다. 그 이산화탄소의 80%가 석유, 석탄 등의 화석연료를 연소시킬 때 나오는 것이다.

석유 및 석탄을 대량으로 태운 것은 최근 200년 동안의 일로, 그 기간에 대기 중 이산화탄소의 양이 30%나 늘어난 것으로 본다. 이렇게 석유 등의 화석연료는 대량의 이산화탄소를 만들고 그것이 지구온난화를 일으키는 것이라는 분석이다.

지구온난화는 기상이변을 일으켜 농산물에 악영향을 준다. 또 인간의 생활환경은 물론 동식물 생태계에 끼치는 영향도 크다. 일례로 지금까지 번식하던 동식물들이 자취를 감추거나 반대로 지금까지 서식할 리가 없던 장소에 의외의 동식물이 보이는 경우가 잇따른다.

나아가 이대로 온난화가 계속되면 남극 및 북극의 얼음이 녹아 해수면이 상승하고 상당한 육지가 수몰될 것이라고 예측하는 사람도 있다. 마셜 제도나 방글라데시 등의 해면이 상승해 해변 마을이 물에 잠기는 것도 지구온난화의 영향이라는 설이 유력하다.

여기서 지구온난화를 막기 위해 이산화탄소를 줄이는 방안이 국제적으로 모색되고 있다. 1997년에 채택된 교토의정서에서도 이산화탄소의 삭감 목표를 정했다.

그 목표를 이루기 위해 널리 사용되는 방안이 석유를 태우는 화력발전소를 태양광과 풍력 발전 등의 클린 에너지로 전환하는 것이다.

또한 자동차가 배출하는 이산화탄소도 무시할 수 없는 양이어서 이산화탄소가 많이 나오지 않는 에코 카(저공해차)도 개발되고 있다. 나아가 에너지 절약형 전기 제품도 온난화를 방지하는 효과가 있다는 기대를 품고 개발되고 있다.

● 지구온난화의 구조

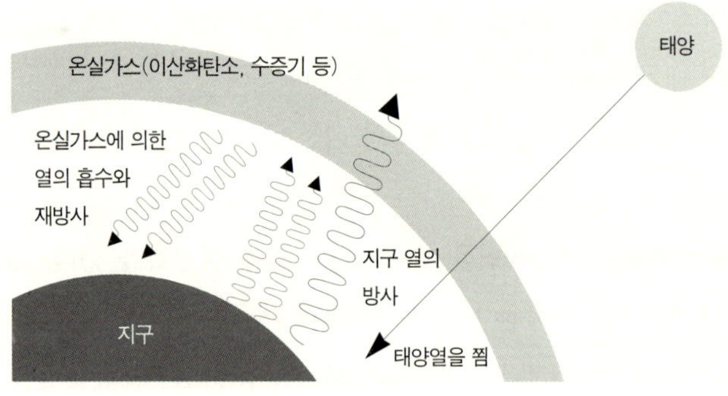

온난화를 고려한 에코 카 도입

이산화탄소 및 대기오염물질의 배출이 적은 에코 카가 주목을 끈다. 현재 실용화된 에코 카에는 천연가스 자동차, 전기 자동차, 하이브리드 차 등이 있다.

천연가스 자동차는 천연가스를 연료로 하기 때문에 이산화탄소 배출을 휘발유 차의 20~30%로 낮출 수 있다. 또한 질소산화물과 유황산화물 배출에 의한 대기오염도 막을 수 있다.

전기 자동차는 탑재한 전지에서 일으키는 전기를 동력으로 달리기 때문에 배출가스가 전혀 없다. 다만 보급이 활발해지려면 동력이 되는 전력을 어떻게 공급할지 등 해결해야 할 과제가 많다.

실용화 정도가 가장 앞선 하이브리드 차는 휘발유 엔진과 전기 모터 두 가지를 동력원으로 달리기 때문에 환경친화적이면서도 경제적인데 일반적인 휘발유 차보다 적은 양의 휘발유를 사용, 그만큼 이산화탄소나 대기오염물질의 배출을 억제할 수 있다. 이미 택시 등에 도입돼 현재 일본 국내에서 36만 대가 운행중인 하이브리드 차는 가장 친근한 에코 카라고 할 수 있다. 그 외에도 수소를 써서 전기를 일으켜 달리는 연료전지차, 태양열로 달리는 솔라카 등 다양한 에코 카가 개발되고 있다.

에코 카는 친환경적일 뿐만 아니라 언젠가 석유 등의 화석연료가 고갈될 경우를 감안해 실용화에 대한 기대가 크지만 그만큼 해결해야 할 과제도 많다.

일례로 전기 자동차용 급속 충전소나 수소 자동차에 수소를 보급할 수소 충전 시설이 손가락으로 꼽을 정도인 지금 수준으로는 종래의 휘발유 차에 비해 편의성이라는 면에서 열세인 것이다. 실제로 불편한 점이 많아서, 휘발유 차처럼 자유로이 타고 다니기 어려운 에코 카를 위한 인프라 정비가 꼭 필요하다.

경비도 개선의 여지가 있다. 실용화한 하이브리드 차라도 아직은 휘발유 차에 비해 비싸다. 자동차회사들은 비용을 낮추려고 노력해야겠지만 정부도 세제 상의 우대 조치에 힘써야 할 것이다.

요즘의 디젤 차는 친환경적이라는데

디젤 차라고 하면 검은 연기를 뭉게뭉게 피우면서 달리는 자동차라는 인식이 있다. 분명 이전의 디젤 차는 유독 가스를 내뿜어 대기를 오염시키는 문제가 있었다.

그러나 이젠 옛날이야기다. 최근 수년간 기술이 진보하면서 디젤 차의 배출 가스가 현격하게 깨끗해졌다.

디젤 차는 일본에서는 주로 버스나 트럭 같은 대형차로 사용된다. 대부분의 자동차는 연료로 휘발유를 쓰는데 디젤 차는 경유를 사용한다. 엔진도 휘발유 차와 달리 경유 전용의 디젤 엔진을 장착했다.

디젤 엔진이란 휘발유 엔진처럼 스파크플러그에 의한 점화방식이 아니라 연소실 내의 압축에 의해 고온이 된 공기에 연료를 분사해 점화한다.

디젤 차의 가장 큰 특징은 연비가 좋다는 것이다. 휘발유 차에 비해 연비가 20~30%는 좋으며 이산화탄소도 그만큼 적게 나온다. 그런데 일산화질소, 이산화질소 등 질소화합물과 미세먼지를 많이 배출한다는 이유로 '환경적으로 문제가 있는 차'라는 누명을 쓰고 있었다. 질소화합물도 미세먼지도 인간의 호흡기 등에 악영향을 끼치는 유해물질이다.

이러한 디젤 차의 약점을 극복하기 위해 고안된 것이 클린디젤이다. 클린디젤은 디젤 엔진의 장점인 우수한 연비는 유지하면서 DPF라는 고성능 필터를 써서 미세먼지를 90% 이상 제거한 것이다.

동시에 특수한 촉매에 의해 질소산화물을 물과 질소로 환원시켜 배출되는 질소화합물의 90%를 줄이는 데 성공했다. 이렇게 해서 디젤 차의 배출 가스가 훨씬 깨끗해진 것이다.

일본에서는 디젤 차가 그다지 보급돼 있지 않지만, 디젤 엔진은 저공해에 저오염 엔진이라고 생각하는 유럽에서는 상당히 오래전부터 일반에 널리 보급돼 있었다. 2005년에 실행된 ‘EURO4’에서는 질소산화물과 미세먼지 배출을 대폭 줄인 차들이 배출가스 규제치를 통과했다. 또한 전 세계적으로 지구온난화에 대한 염려가 고조되는 가운데, 이산화탄소의 배출량이 적고 연비도 좋은 디젤 차에 주목하고 있다.

이에 비해 일본에서는 배출되는 이산화탄소가 적다는 점과 연비가 좋다는 점보다도 질소산화물과 미세먼지가 많다는 점만 부각돼 생각처럼 보급되지 않았던 게 현실이다. 그러나 지구온난화에 대한 관심이 커진 데다 상승에 더해 클린 디젤이 등장하면서 상황은 바뀌고 있다.

혼다가 2009년까지 가솔린 엔진과 비슷한 정도로 깨끗한 디젤 엔진의 실용화를 목표로 하는 등 자동차 회사들의 대처도 진보하고 있어 앞으로는 일본에서도 디젤 차가 늘어날지도 모른다.

휘발유 1리터를 태우면 이산화탄소가 어느 정도 나올까

자동차 배출가스에 포함된 이산화탄소가 지구 환경을 심각하게 해친다는 이야기가 나온 것은 오래전 일이다. 때문에 에코 카 개발에 몰두하는 등 전 세계에서 자동차의 이산화탄소 배출을 억제하려는 움직임이 활발하다.

그러면 대체 자동차에서는 어느 정도의 이산화탄소가 배출되는 것일까?

자동차로 1리터의 휘발유를 태웠을 때 이산화탄소의 배출량은 다음과 같이 계산된다.

휘발유 비중을 0.75로 하면 1리터는 750그램이 된다. 휘발유는 탄소 1개에 수소 2개의 비율로 배합돼 있다. 각각의 원자량은 12와 1이므로 휘발유 무게 중 13분의 12가 탄소라는 말이 된다. 이산화탄소의 분자량은 44니 12그램의 탄소가 타서 44그램의 이산화탄소가 된다.

즉 1리터 750그램의 휘발유 중 14분의 12가 탄소고 그 12분의 44배가 이산화탄소가 된다.

이를 계산식으로 하면, 750그램 × 12/14 × 44/12 = 약 2360그램이 돼 1리터의 휘발유를 태울 때 배출되는 이산화탄소는 약 2.36킬로그램임을 알 수 있다. 탄소는 공기 중의 산소와 결합하기 때문에 이산화탄소의 양이 태운 탄소의 양보다도 많아진다.

현재 이와테 현을 비롯한 지자체들은 홈페이지에 자동차뿐만 아니라 일상생활에서 나오는 이산화탄소의 배출량을 간단하게 계산할 수 있는 서비스를 제공하고 있다.

예를 들어 이와테 현이 개발한 'e 디지털 환경자(尺)' 사이트에서는 타는 쓰레기와 전기, 휘발유 등 15품목을 태우거나 썼을 때에 나오는 이산화탄소의 양을 쉽게 계산해볼 수 있다. 태운 양이나 사용량을 입력하면 이산화탄소의 양과 이를 흡수하는 데 필요한 삼나무의 수, 또 그 부피는 축구공 몇 개에 해당하는지 등이 자동으로 표시된다.

교토의정서는 일본에 대해 온실 가스를 1990년도에 비해 6% 줄이라고 했다. 물론 공장 등의 산업으로부터 배출되는 이산화탄소의 삭감이 큰 과제지만 이것만으로는 충분치 않다.

자동차 배출가스 등 일반 사람들이 일상생활에서 배출하는 이산화탄소의 삭감도 중요하며 이를 실현하려면 환경오염 정도를 쉽게 알아차릴 수 있는 여러 가지 아이디어가 필요할 것이다.

일본이 앞장서고 있는 '무황' 정책이란

휘발유, 경유와 관련된 큰 문제는 이산화탄소의 배출이 지구온난화를 촉진한다는 점과 성분에 포함돼 있는 유황이 대기를 오염시킨다는 점이다.

그러한 가운데, 현재 주목되는 것이 '무황(Sulfur-free)' 이라는 정책이다. Sulfur는 유황을 말한다. 무황은 휘발유, 경유에 들어 있는 유황 성분을 10PPM(0.001%) 이하까지 감소시키는 것을 말한다.

엄밀히 말해서 유황 성분을 제로로 만드는 것은 아니지만, 현재의 기술 수준으로는 유황 성분을 그 이하로 줄이기는 힘든 탓에 가능한 한 제로에 가까운 수치를 목표로 하고 있다.

무황 휘발유나 무황 경유를 쓰면 휘발유 차나 디젤 차에 달린 배출가스 처리기의 성능이나 연비가 좋아진다. 그래서 대기오염이나 지구온난화를 방지할 수 있는 것이다.

유럽에서는 2005년부터 무황 연료를 도입하기 시작했고 2009년에는 EU 전역에서 실시할 예정이다. 또한 미국에서도 2006년부터 휘발유의 유황 성분을 80PPM이하, 경유의 유황 성분을 15PPM 이하로 규제하는 등 느슨하기는 해도 무황 정책 방향으로 움직이고 있다.

그러면 일본은 어떠한가. 일본은 환경 대책으로 경유는 2007년부터, 휘발유는 2008년부터 유황 성분을 10PPM 이하로 규제할 예정이다.

그러나 급속한 환경 대책을 요구하는 여론 등에 힘입어 석유연맹에 가입한 각 회사들은 2005년 1월부터 전국에 무황 휘발유, 무황 경유를 공급하기 시작했다. 현재 무황 휘발유와 무황 경유의 공급에 있어서는 전 세계적으로 일본이 선두주자다.

온난화 억제를 위해 마련된 '탄소세' 란

이산화탄소의 배출과 동반되는 지구온난화가 세계적인 문제가 되자 배출 억제의 일환으로 세계 몇몇 나라가 도입한 것이 '탄소세' 다. 이는 석유, 석탄, 천연가스 등을 연소시키는 경우에 배출되는 이산화탄소의 배출량에 따라 부과되는 세금으로 '환경세' 라고도 불린다. 과세 방법은 여러 가지가 있으나 일반적으로는 배출된 이산화탄소 1톤에 얼마라는 형태가 많다.

연료를 태워 1킬로칼로리를 얻었을 때 발생하는 이산화탄소의 양은 석탄이 석유보다 많아 석탄에 더 많은 탄소세가 부과되는 시스템이다. 즉 환경을 오염시키는 정도가 큰 만큼 과세액도 늘어나는 것이다.

이에 따라 가정이나 기업에서 에너지를 절약해야 한다는 의식을 고취하려는 의도가 있다.

'환경지속사회' 연구센터에 의하면, 예를 들어 탄소 1톤에 6000

엔의 탄소세를 매긴 경우, 2010년에는 탄소 환산으로 700만 톤의 삭감효과를 기대할 수 있다고 한다. 이는 교토의정서에서 정한 온실가스 1990년 대비 6% 삭감 목표의 2%에 해당한다.

실제로 일본 환경성은 2004, 2005년에 환경세를 제안했다. 당시에는 한 세대에 월 180엔을 부과해 모은 돈은 지구온난화 억제를 목적으로 사용하려는 취지였다.

그러나 경제산업성과 산업계의 반발로 무산됐다. 특히 산업계에서는 과세했을 경우 기업들이 생산거점을 해외로 옮기거나 국제경쟁력이 약해질 것이라는 우려와 이산화탄소 배출 대국인 미국이나 중국에 이산화탄소 삭감의 의무가 없다는 점에 대한 불만도 있어 반발이 컸다.

그러나 세계로 눈을 돌리면 탄소세는 1990년대부터 노르웨이, 스웨덴 등 북유럽 국가에서 시작해 유럽과 미국의 일부 주에서 도입했다. 실제로 도입국가들은 이산화탄소 배출 삭감에 한몫하고 있다.

이러한 실례에 반응해 환경성은 매년 탄소세 도입을 요구하고 이에 지방자치단체에서는 독자적으로 대응하기 시작했다. 도쿄도 및 가나가와 현은 독자적으로 탄소세의 도입을 지향하겠다고 발표했다. 역시 탄소세는 앞으로 온난화를 억제하는 쟁점이 될 것 같다.

플라스틱은 어떻게 재활용되는가

플라스틱은 석유로 만든다. 따라서 이를 원래의 석유로 되돌리면 재활용이 가능하다.

이와 관련해서 연구된 것이 열분해한 플라스틱을 액체화한 다음, 이를 연료 내지는 석유화학 원료로 사용하는 '유화'라는 기술이다.

구체적인 방법은 다음과 같다. 우선 잘게 분쇄한 플라스틱 쓰레기를 처리조에 넣어 고온에서 가열한다. 그러면 플라스틱이 녹아 흐물흐물해진다. 여기에 다시 고온을 가하면 증발해 가스가 된다. 이 기체를 냉각시키면 액체 석유로 돌아온다.

플라스틱의 종류, 분해나 반응조건 등에 따라서도 다르지만 유화에 따라 중유, 경유, 등유, 휘발유, 왁스 등이 얻어진다. 이렇게 편리한 유화지만 문제점도 있다.

플라스틱은 한 종류가 아니라 폴리에틸렌, 폴리프로필렌, 폴리스틸렌, 염화비닐 등 여러 가지가 있다. 가정 쓰레기에는 다양한 플라스틱이 혼재해 재활용이 곤란하다는 의견이 많았다.

그러나 최근 플라스틱 처리촉진협회의 연구에 따라 여러 종류로 된 플라스틱 쓰레기도 환경을 악화시키지 않고 유화하는 기술이 개발됐고 그것을 이용해 가정에서 나오는 플라스틱 쓰레기를 처리하는 센터가 건설되는 등 전국 각지에서 실용화가 진척되고 있다.

그런 가운데 가나가와 현에 있는 '블레스트'라는 회사에서는 소형 유화장치 개발에 성공해 주목을 받았다.

다른 회사의 유화장치 대부분이 대형 설비인데 비해 이 회사의 장치는 트럭으로 이동 가능한 사이즈다. 그런 장점을 살려 환경을 보호하려는 다양한 운동을 전개하고 있다.

예를 들어 학교나 지역 행사에 유화장치를 가져가서 눈앞에서 플라스틱 유화를 실현해 환경보호 및 재활용에 대한 의식을 고취시키는 것이다. 2007년에 세계육상선수권 대회가 열렸던 오사카의 나가이 공원에서는 '세계육상스타디움 유전'을 개최, 유화장치를 써서 식판 등 하루 10킬로그램의 플라스틱 쓰레기로 약 10리터의 혼합유를 만드는 실연을 펼쳐 큰 화제를 모았다.

또한 이 회사의 유화장치는 해외에서도 활약하고 있다. 남태평양에 떠 있는 마샬 제도에서는 아름다운 자연을 지키기 위해 전국적으로 플라스틱 쓰레기 처리에 대처하고 있다. 이를 위해 대통령 지휘 하에 블레스트 사의 유화장치를 도입했다. 호텔, 공항, 시내 등에 놓인 플라스틱 회수 상자에서 회수한 플라스틱을 원료로 기름을 생성하며 이 회사의 사장은 현지를 방문해 아이들에게 유화 과정을 보여주기도 했다.

일반 가정에서 대량으로 나오는 일상적인 플라스틱 쓰레기지만 일본에서도 유화장치의 새로운 보급이 기대된다.

● 플라스틱의 유화 과정

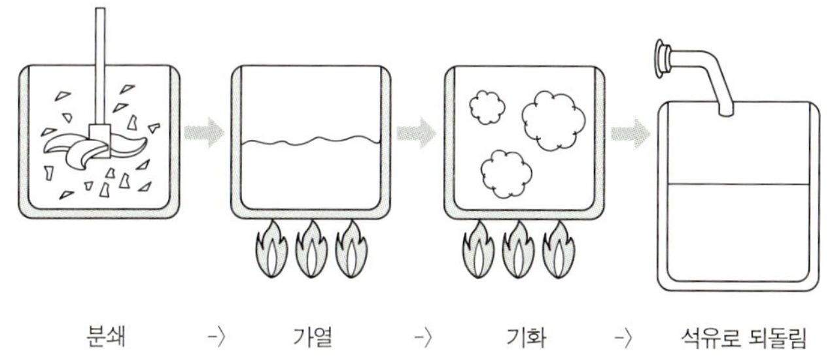

석유를 원료로 하지 않는 바이오 플라스틱이란

환경 문제에 있어 플라스틱 쓰레기 처리가 큰 문제가 되고 있다. 플라스틱을 소각하면 다량의 이산화탄소가 배출돼 지구온난화가 촉진된다. 석유에서 만든 플라스틱을 유화해 기름 등을 만드는 기계가 나오기도 했으나 아직 보급은 걸음마 단계다.

또한 플라스틱을 만들면 만들수록 유한 자원인 석유를 소비하게 된다. 이것도 에너지 자원은 장기적으로 유효하게 써야 한다는 점에서 큰 문제다.

이와 관련, 일본 정부는 2002년에 발표한 '바이오 테크놀로지 작전 대강령'에서 2010년대 후반에 일반 플라스틱의 20% 정도(250만~300만 톤)를 재생가능 자원으로 제조한다는 목표를 세웠다. 이를 실현시키기 위한 비장의 카드가 '바이오 플라스틱'이다.

종래의 석유로 만든 플라스틱과는 다르게 생물체에서 추출한 유기성 자원으로 만드는 플라스틱을 바이오 플라스틱이라고 한다. 현재 바이오 플라스틱의 원료로 많이 사용하는 것은 옥수수의 한 종류인 덴트콘이다.

옥수수에 함유된 녹말에서 추출한 폴리유산이라는 물질이 플라스틱의 원료가 된다. 그 외에 사탕수수, 고구마, 쌀 등의 식물도 원료로 사용된다.

이렇게 만들어진 바이오 플라스틱은 땅에 묻으면 미생물에 의해 분해돼 흙으로 돌아가며 소각해도 유독가스가 발생하지 않는다. 덕분에 이산화탄소의 배출을 억제할 수 있는 데다가 쓰레기 소각에도 효과를 발휘하고 있다.

물론 석유를 원료로 하지 않아 화석 자원도 절약할 수 있다. 이러한 장점이 있기 때문에 많은 회사에서 개발에 몰두하고 있다.

이전의 바이오 플라스틱에는 품질이나 내구성에 문제가 있어서 극히 일부의 상품에만 사용됐으나, 최근에는 기술도 진보해 사용 여지가 넓어지고 있다. 예를 들어 2005년에는 바이오 플라스틱을 본체에 사용한 휴대전화가 발매됐다. 또한 본체에 바이오 플라스틱을 사용한 컴퓨터도 발매됐다.

나아가 2005년에 아이치 현에서 개최된 지구 박람회 레스토랑에서는 식기, 쓰레기봉투 등에 바이오 플라스틱 제품이 사용됐다.

현재 바이오 플라스틱의 생산량은 매년 증가하고 있으며 앞으로 용도 또한 더 다양해질 것이라는 예측이다. 사용하는 곳도 늘어 언젠가는 석유로 만든 플라스틱을 대신할 수 있을지도 모른다.

천연가스 굴착현장에서 일어난 대사고의 실태

석유나 천연가스의 굴착에는 상당한 난관이 동반된다. 예로 최첨단 기술을 동원해도 생산으로 연결되지 않는 경우가 있다.

생산이 되지 않는 것에서 그치면 모르겠으나 그 와중에 주변에 지대한 피해를 주는 사고가 일어날 가능성도 있다. 2006년 인도네시아 시도아르조의 천연가스 시추공에서 일어난 사고는 많은 주민에게 손해를 입혔다.

시도아르조의 천연가스 시추공은 인도네시아 자바 섬 동부, 인도네시아 제2의 도시 수라바야로부터 자동차로 약 1시간 거리에 있다.

2006년 5월 29일 이른 아침, 굴착회사 라핀도 브란타스가 지하 약 2800미터까지 파들어갔을 때였다. 갑자기 대규모의 진흙이 분출하기 시작했다.

분출된 진흙은 주변 9개의 마을로 퍼져 주택, 농장, 공업지대 등 600헥타르를 뒤덮었고 주민은 황급히 피난했다. 유화수소 등을 함유한 유독 가스도 나오는 바람에 고통을 호소하는 주민들도 속출했다. 이에 의해 약 3만 7000명이 해를 입었다.

유독한 토사는 지금도 멈추지 않고 흘러나온다. 당초에는 하루 5만 세제곱미터였으나 점차 늘어 10만 세제곱미터를 넘는다. 집을 잃은 주민들은 좁은 피난장소에서 참혹하게 생활하고 있다. 일자리를 잃은 사람도 많다. 분출은 앞으로도 계속될 것이 확실해 정부는 30년 이상 계속될 것으로 예상하고 있다.

이렇게 진흙이 분출되는 것을 '진흙화산'이라고 한다. 땅 속 깊숙한 곳에 무언가의 원인에 의해 이상하게 높은 압력이 가해져 가스를 머금은 진흙물이 분출해 지상에 퇴적된다. 같은 현상이 일본에의 홋카이도, 니가타 현 등지에서도 관측되고 잇다.

시도아르조 진흙화산의 정확한 원인은 아직 밝혀지지 않았다. 현지 조사를 벌인 전문가는 경비 삭감에 따른 굴착 시의 대비 부족이 원인이며 지반 보강이 충분치 않은 틈새로부터 진흙이 분출되는 것이라고 지적하고 있다. 그러나 굴착을 맡았던 라핀도 브란타스는 자바섬 중부에서 발생한 지진이 원인이라고 주장하는 등 결론에 이르지 못하고 있다.

인도네시아의 유도유노 대통령은 라핀도 브란타스에 위자료를 지불하고 진흙 유출을 봉쇄하라고 명령했다. 분출을 막기 위한 여러 가지 제안이 국내외로부터 들어왔고 실제로 실시해본 방법도 있으나 아직껏 별 효과 없이 제자리에 머물고 있는 실정이다.

현재는 분출 자체를 멈출 수가 없으므로 우선 진흙물의 흐름을 막아 가까운 강으로 유도해 피해가 확산되는 것을 막고 있다.

어떻게 해야 분출이 멎을까? 피해 주민에 대한 대책을 어떻게 할 것인가? 앞날이 어찌될지는 아직 짐작도 안 된다.

환경 파괴로 이어지는 '불법 경유' 문제

디젤 차의 연료가 되는 경유에는 행정구역별로 부과되는 경유취급세가 붙는다. 이를 피해 만들어진 '불법 경유'가 널리 유통되고 있다는 지적이다.

불법 경유는 경유에 등유와 중유를 섞어 만든다. 등유와 중유는 경유보다 싸고 취급세가 붙지 않는다. 이를 섞으면 경유를 싸게 판매할 수 있기 때문에 석유 판매업자들은 그만큼 쉽게 이익을 얻을 수 있다.

한편 디젤 차를 사용하는 운송회사 등은 다소 엔진이 상하는 것을 감수하면 정품 경유에 비해 상당히 싼 경유를 구입할 수 있다.

이런 이유로 불법 경유가 꽤나 팔린다. 물론 당당하게 주유소에서 판매할 수는 없으니 업자가 탱크로리에 담아 운송회사 등을 찾아가 판매하는 것인데 이것이 소문이 나 점차 판로가 확대된다고 한다.

그중에서는 수십 대나 되는 탱크로리로 불법 경유를 제조, 판매하는 업자마저 등장했다. '경유 전체의 20%가 불법 경유일 것이다'라는 말이 있을 정도로 불법 경유는 전국 규모로 확산되고 있다.

이것은 명백한 탈세여서, 각 행정구역 세무 당국이 필사적으로 적발하고 있다. 그러나 적발돼도 새로운 업자가 다시 나타나는 바람에 그다지 효과가 없는 것이 현실이다.

불법 경유는 탈세일 뿐만 아니라 환경도 파괴한다. 불법 경유를 사용한 자동차에서 배출되는 가스는 대기를 오염시키기 쉽다.

또한 그 이상으로 심각한 것이 불법 경유업자가 행정당국의 불시검사를 빠져나가려고 한 결과 생기는 황산 찌꺼기 투기다.

중유와 등유를 섞은 불법 경유에는 쿠마린이라는 물질이 들어 있어 검사에서는 쿠마린을 검출하는 시약을 사용한다. 이때 업자들은 황산을 섞어 쿠마린을 제거한다. 이때에 발생하는 황산 찌꺼기는 타르 상태의 강산성 물질로 만지면 화상을 입고 눈에 들어가면 실명한다. 유독한 아황산가스도 나오기 때문에 장시간 흡입하면 목숨까지 위협한다.

그런데 불법 경유 제조업자들이 이 황산 찌꺼기를 드럼통에 넣어 전국 각지에 버리고 마는 것이다. 지바현 다테야마 시에서는 주택지 주변에 방치된 1000통 이상의 드럼통에서 황산 찌꺼기가 흘러나와 큰 문제가 됐다.

이렇게 방치하거나 내다버린 드럼통은 전국적으로 약 2만 개나 돼 각 지자체가 대책 마련에 고심하고 있다. 환경성에서는 2004년에 폐기물 처리법을 개정해 드럼통을 부적절하게 보관하면 벌칙을 가하기로 했으나 근본적인 해결과는 거리가 멀다.

황산 찌꺼기가 나오지 않게 하기 위해서라도 불법 경유의 제조, 판매를 근절하는 것이 중요하겠으나 최근 원유 가격이 급등해 도리어 증가할 것이 염려되고 있다.

　동력원이고 에너지원일 뿐만 아니라 일상생활에 쓰이는 물건으로 재탄생하는 석유는 인류의 문명을 바꿔놓았고 현대인의 삶을 도와주며 세계를 움직이는, 그야말로 거대한 괴물임을 실감했을 것이다.

　최근 '에코(eco)'라는 말이 일상 속으로 침투하고 있다. '환경을 더럽히지 않는 클린 라이프의 발전'과 같은 측면이 강조되고 있지만, 그 이면에는 '유한한 지구 자원을 소중히 하지 않으면 큰일난다'라는 무서운 메시지가 숨어 있다는 점도 잊으면 안 될 것이다.

　석유가 우리 인류에게 가져다 준 은혜를 한번 더 곱씹으며, 소중하게 여기는 기회가 되었길 바란다.